中國學術思想研究輯刊

三六編
林慶彰 主編

第14冊

朱震易學思想
——《漢上易傳研究》

陳志淵 著

花木蘭文化事業有限公司

國家圖書館出版品預行編目資料

朱震易學思想——《漢上易傳研究》／陳志淵 著 -- 初版 --
新北市：花木蘭文化事業有限公司，2022〔民111〕
目 2+166 面；19×26 公分
（中國學術思想研究輯刊 三六編；第 14 冊）
ISBN 978-626-344-057-9（精裝）
1.CST：（宋）朱震 2.CST：學術思想 3.CST：易學
030.8   111010193

ISBN-978-626-344-057-9

9 786263 440579

中國學術思想研究輯刊
三六編　第十四冊　　　　　　　　ISBN：978-626-344-057-9

朱震易學思想
——《漢上易傳研究》

作　　者　陳志淵
主　　編　林慶彰
總 編 輯　杜潔祥
副總編輯　楊嘉樂
編輯主任　許郁翎
編　　輯　張雅淋、潘玟靜、劉子瑄　美術編輯　陳逸婷
出　　版　花木蘭文化事業有限公司
發 行 人　高小娟
聯絡地址　235 新北市中和區中安街七二號十三樓
　　　　　電話：02-2923-1455 ／傳真：02-2923-1452
網　　址　http://www.huamulan.tw 信箱 service@huamulans.com
印　　刷　普羅文化出版廣告事業
封面設計　劉開工作室
初　　版　2022 年 9 月
定　　價　三六編 30 冊（精裝）新台幣 83,000 元　　　版權所有・請勿翻印

朱震易學思想
——《漢上易傳研究》

陳志淵　著

作者簡介

　　陳志淵，民國五十五年出生於高雄。台灣師範大學國文系、碩士班畢業，現任教桃園市立陽明高中國文科專任教師，美術班書法兼任教師。

　　就讀師大國文系期間以易理研究為主，著有《朱震漢上易傳研究》、〈桐城方氏易學研究——《周易時論合編》初探〉。畢業後，勤習並研究黃庭堅、王鐸書藝，著有〈「寫意為書，韻勝為美」——黃山谷書風的時代性與個別性〉、〈黃山谷的狂草書風〉、〈王鐸幾件行草立軸書法辨偽考〉。

提　要

　　朱震字子發，北宋湖北荊門人，著有《漢上易傳》。

　　「朱震易學思想——《漢上易傳研究》」全文共七章。第一章由史學層面，考證朱震的生平經歷與著作。次由學術層面研究《漢上易傳》的內容，及其易學傳統上的地位，見於本文第二、三、四章《漢上易傳》之易象學、易數學、易圖學研究，及第七章結論《漢上易傳》之評價；次則經由思想層面，研究朱震的思想型態及其義涵，這部分見於本文第一章朱震的政治思想、處事態度，及第五章朱震的天道思想、第六章朱震的人道思想。

　　朱震易學的憂患是：晉王弼盡去漢代易象數之學，援老莊玄學入易，造成「儒者專尚文辭，不復推原大傳，天人之道自是分裂」。故其學以象數為本，而象又先在於數，他提出「有是時必有是象」的主張。朱震思想乃是繼承程頤「體用一源」的觀念，會通邵雍、張載的氣化思想，開南宋裡學會通北宋理學之先河。其太極說及「中五」變化說，自形成一由太極自身開展而成的本體宇宙論思想，在易學哲學中，亦有其特色可言。

　　中國思想起於憂患，究天人之際，仍歸本於成就「內聖外王」之道。朱震以易理深醇而受薦經筵，本期以所學輔佐宋高宗，然終不免陷於宋朝長久以來的「君子小人」之爭，出處或為當世及傳史者議。惟清全祖望稱「然漢上之立身，則粹然真儒也」。

目次

凡　例

一、本文所採朱震著作三種，以廣文書局影印清康熙十九年《通志堂經解》
　　原刊本為底本。文中〔　〕內之數字即該書頁碼，以供查驗之需。

二、本文中引用書名，皆標以「《　》」符號；篇、章、節名則記以「〈　〉」符號。

三、本文所稱引人物，其生卒年可考者，以姜亮夫所編《歷代人物年里碑傳
　　綜表》為依據。凡前賢以姓名相稱，於時賢則敬稱先生，稱引業師則冠
　　以「師」字，以示後學尊重之意。

四、本文所引用資料、書刊，皆於各章附註下，記其編撰者、版本、年月、頁
　　碼，以備查驗之需。

第一章　朱震之生平與著作

第一節　生平

　　朱震字子發，湖北荊門軍人（今湖北省荊門縣）〔註1〕，生於北宋神宗熙寧五年（西元 1072 年），卒於南宋高宗紹興八年（西元 1138 年），享年六十七歲。因為居住在漢水之上，後世學者稱他漢上先生。《宋史・儒林傳》、《福建通志》、《宋元學案・漢上學案》皆記載朱震傳略學行。只是傳世史料很少提到關於朱震的家世，徐芹庭先生《易學源流》一書據朱彝尊《經義考》所言，以為北宋蘇州樂圃先生朱長文（西元 1039～1098）是他的父親，張景修撰〈朱長文墓誌銘〉說：朱長文有三個兒子，分別是耜、耦、耕，次子耦後來改名發。徐君可能因而誤認。〔註2〕拙考之於朱長文《樂圃餘稿》附錄張景修撰墓誌銘曰：「娶張氏，三子，耜前婺州東陽縣主簿，耦（改名發）、耕舉進士，皆有文行」。（參見《景印文淵閣四庫全書》集部五十八，商務印書館）依此，朱氏《義考》所引，當指朱氏二子名發，而非朱震，且朱震登進士第在政和五年（西元 1115年），與朱長文卒年相去甚遠。故朱長文當非朱震之父，明矣。

〔註1〕見李心傳《建炎以來繫年要錄》（以下簡稱《要錄》卷三，頁181，作「震，邵武人也」。《福建通志》卷一八八據此，以先生為邵武軍邵武縣人。案：據朱震〈進周易表〉言其為「長林縣開國男」，顧祖禹《讀史方輿紀要》卷七：「宋因五代置荊門軍領長林等縣二」。故知朱震當為湖北荊門人，非福建邵武人。（參見顧祖禹《歷代州域形勢》，頁330，樂天出版社，62年10月初版。）

〔註2〕朱彝尊《經義考》卷十八「朱氏長文《易意》」條下引曰：「子發曰：先人自少年少年登科，即嬰足疾，絕意仕進，以著書立言為事。……」徐氏書據此曰：「此子朱震字子發謂少年登科，……」

徽宗建中靖國元年（西元 1101 年）朱震三十歲，曾偕同在太學求學的弟弟朱巽（字子框）到西京竹木場，去求教於二程門上人蔡謝良佐（西元 1050 ～1103）。謝良佐舉了《論語》〈子見齊衰者〉章及〈師冕見〉章說：「夫聖人之道，無顯微，無內外」。〔註3〕「體用一源，顯微無間」，本就是程頤《易傳》的綱領所在〔註4〕，朱震作《易傳》也以此為宗主，所以後來黃宗羲編《宋元學案》，將朱震列為上蔡門人，二程再傳，這大概就是他的思想淵源脈絡吧！

朱震於徽宗政和五年（西元 1115）才以進士出身登第，年已四十四歲，曾出仕州縣，以廉潔稱名。直到高宗紹興四（西元 1134）年，才因「經學深醇」，被當時的參知政事趙鼎推薦，紹興五年，就以祕書少監兼侍經筵，《宋史》說：中興以後，由百官兼任侍講只有范沖、朱震、張栻三人，是相當殊異的任命。〔註5〕，同年二月至十月就連升八次，甚至差點當上執政宰相（詳見年表），可見深受高宗的重用。朱震的主要活動時間在南宋初期十一年間。而自靖康之難（西元 1127），高宗南渡，至紹興十二年（西元 1142），宋進誓表於金，金冊封宋帝為皇帝，宋金達成和議為止，這十五年間正是南宋立國最艱困的時期，外有金、偽齊（劉豫）的侵凌，內有盜竊、叛賊為亂，形成內外窘迫的局面。這時內政上急待解決的有盜賊為亂、民生凋敝、財用不足、兵力短缺等問題；外交上則有和戰爭議；更有因和戰論爭及學術意見形成的黨爭。朱震處於這樣的時代背景下，他的政治思想及處世態度如何？正是下文要探索的問題。

一、政治思想

（一）內政方面

南宋立國初期最嚴重的內政問題就是各地潰卒、饑民相聚為盜。當時宋廷君臣上下莫不以盜患擾民為憂，招而復叛，花費不少財貨。軍民為何淪作盜匪？李心傳《建炎以來繫年要錄》（以下簡稱《要錄》）引紹興六年六月朱震上奏虜民叢聚成盜的原因，可知一二，他說：「自從戰事興起以來，各地守令多不適當，政令繁苛暴虐，科稅斂財也多無方，百姓無處申告，平白遭受

〔註3〕見《宋元學案・上蔡學案》，頁 15。（河洛出版社，64 年 3 月初版，台北）
〔註4〕「體用一源，顯微無間」一詞，首見於程頤《易傳》序文，朱震學宗《易傳》，以此為易學思想之大旨。
〔註5〕《宋史》卷一百六十二，頁 3814。

荼害，於是相互鼓勵，萌生姦心，等到黨羽聚集眾多，便成大盜。推原百姓本意，難道他們願意屠害殺戮，自取滅亡？實在由於官吏失職，不能奉公守法，激怒了百姓，才導致他們犯下不可赦免的大罪。」〔註6〕朱震將社會問題歸咎於官吏的失職，將複雜的實際問題變成一抽象的道德問題，這是長久以來我國文官官僚處理政事的方法。對此問題，朱震於紹興四年九月，初擢為祠部員外郎，兼川、陝、荊、襄都督府詳議官時即曾建言：

> 荊、襄之間，沿漢上下，膏腴之田七百餘里，若選良將領部曲鎮之，
>
> 招集流亡，務農種穀，寇來則禦，寇去則耕，不過三年，兵食自足。
>
> 又給茶鹽鈔於軍中，募人中糴，可以下江西之舟，通湘中之粟，觀
>
> 釁而動，席捲河南，此以逸待勞，萬全之計也。

朱震提出了「招集流亡，屯田耕種」及「慎選官吏」〔註7〕的解決方法。實際行動，則僅限於建議高宗任用某人，罷黜某官，如紹興五年九月，郭千里將任監丞，朱震因郭千里嘗「畜養倡婦，侵奪民田」，故上奏請罷。〔註8〕紹興六年六月，朱震又因憂虔民為盜，上奏請任孫佑，並罷除一切貪儒官吏，任慈祥仁惠之人〔註9〕，而通常高宗對經筵官這類的請求多半是聽從的。雖然有人以為朱震所言，亦只是一些人皆可言的迂闊舊調，不如宗澤、岳飛、張浚等名將有實際勦匪的事功。

其實亦不必如此責備朱震，經筵官所要做的就是發揮經傳的經義，指出歷史的鑒戒，但仍經常歸於現實，以期古為今用；或將抽象的原則，施用於實際問題，或者說把實際問題抽象化。〔註10〕而朱震以經決事的處世態度，已是經筵官最佳的詮釋者。

（二）軍務方面

紹興六年九月朱震曾對國防問題進言說：「現在戰事尚未平息，戰馬所需甚是緊急，桂林買馬之事，不可中斷。然而值得擔心的是，那些蠻人熟知時勢險易，商賈隱藏姦心，審度我國情勢利害，窺探我國力虛實，那裡知道不會發生唐宣宗大中、咸通年間大理國犯邊之事？希望皇上能告知廣西守

〔註6〕《要錄》卷一百二，頁3277～3278。

〔註7〕《要錄》卷八十，頁2560。

〔註8〕《要錄》卷九十三，頁3021。

〔註9〕《要錄》卷一百二，頁3277～3278。

〔註10〕黃仁宇《萬曆十五年》，頁49、50。（食貨出版社，82年元月22版，台北。）

將，凡是交易馬匹的地方，一定要選用謹慎可靠之人，不要任用輕率性急之人，務必僅守羈縻安撫的政策。將來西北川秦馬路暢通，才可漸減廣馬，那時差不多可使憂患消除。」〔註11〕

朱震此奏，實論及南宋兩個重要的國防問題：一是關於戰馬缺乏的問題；一是西南的邊防問題。宋代是中國歷史上國勢較弱的朝代，而此時邊疆各族又紛紛崛起，北方有契丹、女貞、蒙古，西有西夏，南有大理等國。尤以北方各族南進之心較強，宋代為了圖存，一方面需謹慎應付強敵，一方面則採用「羈縻懷柔」的政策，聯絡西南對戰馬的需求本就相當迫切，尤以南渡後，西北川秦馬源，因荊襄盜亂與宋金交戰，而告斷絕。因此品質較差的「廣馬」，即因路途較近，運送方便，變成南宋重要的馬源。

故朱震確能審知南宋重要的軍事問題，但他所能做的似乎也只有提醒高宗要慎選謹信之人，勿多生事端。

再則有以為朱震對當時最敏感的政治議題——宋金和戰，並未有正式的意見，但當紹興七年宰相張浚為積極整頓劉光世部隊，準備北伐，卻因用人失當，過於激進，而引發了另一個影響南宋初期政局的政變——酈瓊兵變，當時，公論沸騰，張浚因而罷相。然而由朱震所擬的制詞，卻因沒有嚴厲的責讓意思，也引起後人對朱震的譏議。〔註12〕其實朱震與張浚都是無辜的，他們只是替高宗在實現他的意志，高宗於初期仍有積極的北進之意，後來因為酈瓊兵變嚴重影響了南宋國力，及金人再度以歸還徽欽二帝為要脅，才減退高宗北進之意，進而與金人議和，這些都是現實時勢。

所以就當時而言，朱震只是反映了高宗支持張浚北伐的政策，張浚並沒有錯，只是因為「撫馭失當，委付非才，軍心乖離，卒伍亡叛」而失敗〔註13〕。後來主戰、主和兩派，互為水火，慷慨激越的主戰派多自視為君子，而視主和派為委屈求全的小人，且主戰派多激於義理，全不考慮客觀時勢，就連趙鼎主張「且戰且和」，「能守始能戰」，應是相當客觀，但主戰派的王庶竟指趙鼎為「鼠首兩端」〔註14〕。南宋類此因政見或學術主張不同，在情緒的激化

〔註11〕《要錄》卷一百五，頁3352。

〔註12〕見畢沅《續資治通鑑》卷一一九，頁3147。（洪氏出版社，75年1月再版，台北。）

〔註13〕《要錄》卷一百二，頁3277～3278。

〔註14〕見林天蔚〈紹興和戰之評論：義理與時勢之爭〉一文。（《東方文化》十五卷一期，66年1月。）

下往往將實際問題提昇為道德問題，最後又將軍事問題演變成內政問題及個人道德操守的優劣，一場君子小人的相互攻訐延續了北宋的新舊黨爭，終至南宋亡國。

在此時，像朱震這樣一個溫和謙讓，不立崖岸的人，也很難不捲入政治的漩渦中，但也是因為朱震的努力維持中立，所以朱震臨老多次辭官，仍為高宗所力留。

二、處世態度

關於朱震的出處進退，向來多議，其實多與他的好友胡安國有關。紹興二年，高宗想找人來講《春秋》，召來了深研《春秋》大義的胡安國，便取《左氏傳》交給他點句正音，沒料到胡安國義正辭嚴的告訴高宗：「《春秋》是經世大典，要見於行事，不是空談；現今應當想想如何拯濟艱難，《左傳》繁碎，不宜虛度光陰，耽玩文采」。胡安國的為學態度乃是「以聖人之學為標的，志在康濟時艱」，要他點句正音自然不肯為，於是就推了當時只是司勳員外郎的朱震。後來高宗任朱勝非為侍讀，胡安國語露玄機的說：「平生出處皆內斷於心，浮世利名如蟭蟟過前，何足道哉！」朱震聽後，也稱病不仕。〔註15〕直至紹興四年，高宗向參知政事趙鼎諮詢人才，於是推薦范沖為翊善、朱震為贊讀，包括張致遠、常同、胡寅、張九成、潘良貴、呂本中等程門後學，也相繼受薦，致使程學大興，一時朝野多以伊川門人相標榜，更有冒稱伊川門人以求見者，亦蒙趙鼎擢用。〔註16〕另一波程學與王（安石）學爭鬥又隨即展開，其實程學與王學的對立，從北宋神宗重用王安石開始，至南宋理宗王安石終被貶黜孔廟為止，一直都有不同的代表人物在進行著。〔註17〕下文所述只是與朱震有關的一例。

紹興六年，范沖、朱震已位在經筵，皆力薦退居四川的程門高足尹焞，高宗也下詔用之，尹焞行至九江，左司諫陳公輔上奏反對程門之學，他的奏章首先祭出兩則道德法則：一是朝廷所注重的，士大夫必投其所好，而士大夫所好，又為民情承襲，不可以不謹慎。二是士大夫之間應以氣節為高，以議論的對錯為評斷，不可經營私黨，朋比苟合。接著便以神宗朝王安石頒自

〔註15〕《宋史》卷四三五，頁 12913、12915。

〔註16〕《宋史》卷一一九，頁 11289、11293。

〔註17〕參考蔣義斌《宋代儒釋調和論及排佛論之演進——王安石之融通儒釋及程朱學派之排佛反王》，頁 193～203。（商務印書館，77 年 8 月初版，台北。）

著《三經新義》，作為科舉考試的指導原則，後來蔡京又繼承王學，於是士大夫皆相附合，從此風俗已壞。而今又有人（指趙鼎）以程頤之為重，稱為「伊川學」，再度引起士大夫的趨炎附勢，相競跟從，那些偽裝巧詐沽名之徒，更是競相倡導傳習程頤之學。希望高宗能稟其天縱聖明，記取前朝因黨爭所造成的亡國教訓，革除黨爭，再有鼓勵風潮者一律屏棄。又說聖人之道具在典籍，學者欲明白性理，修身進德可以此為據。〔註18〕陳公輔的諫言，不僅有以用之四海皆準的道德格言為依據，又能掌握歷史的教訓。靖康之難是南宋君臣胸口永遠的痛，當時高宗為了維護半壁江山，他必需號召朝野團結一致，在這前題下，他很技巧的將一切北宋亡國的責任推給以蔡京為首的新黨，來攏絡元祐舊黨之人。而蔡京所依循的是王安石的思想，因此王安石之學就變成士大夫們攻擊的對象，尤其以楊時為首的程門後學。剛巧宰相之一的趙鼎又素重程頤之學，同時提拔許多程門後學，程派變成一時主要的政治勢力。而諫官陳公輔是個論事劌切，疾惡如讎的人，但卻不偏愛程頤之學，士大夫都覺得相當可惜。〔註19〕當程派的勢力大盛時，他以尹焞出仕為導火線，以避免釀成黨爭為理由，上了此奏。他真正的用意為何，不得而知，但此奏表面卻沒有什麼理由可不同意的。所以當另一名宰張浚批下旨來說：「士大夫之學，應以孔、孟為師，如此即可言行一致能濟時用。觀看臣僚所奏，知其愛國之意恨深啊！可將此詔公告全國，使明白我的意思」。此詔一出，范沖、董弅先後辭去，當然是為表達對程學的擁戴及對高宗無言的抗議，因陳公輔乃范沖所薦，范沖辭職，陳公輔已有所不安，接著耿鑴等聯名上書，指陳公輔是借靖康之難鼓喝毀謗，陳公輔更加恐懼，向高宗求去，高宗卻說：「陳公輔是由他親自擢用，不是他人引薦，可以安心留職，不得再請辭。」高宗的心意已明顯可知，他雖然攏絡程派舊黨之人以鞏固帝位，但實亦不希望朝廷內部黨爭加深，所以作了一方面留住陳公輔，一方面要尹焞繼續上京就任，兩面討好的決定。當范沖、董弅為表達程學的擁戴先後辭去時，朱震位居翰林學士兼經筵侍讀，地位相當崇高，但他在事件發生時沒有作任何諍辯，只在事件發生後十五天（七年癸酉）稱病請求在外宮觀。朱震的舉動自然引起很多人的討論不滿，尤其是他的好友胡安國，胡安國在寫給他兒子胡寅的信中說：「朱震現在求去未免太晚，當陳公輔以讒說諫上時，若能據正論力爭，是能

〔註18〕見《續資治通鑑》卷一一七，頁3117。
〔註19〕《宋史》卷一三五八，頁11695。

明白進退之義，現在不發一言而去，平生讀易何用？」便上奏說：「孔孟之道
不傳已久，實賴程頤的發明而彰顯，並希望高宗能追封程顥、程頤、邵雍、張
載四人。」〔註 20〕他的上奏，並沒有針對高宗對結社的疑慮作回應，只是一
味的推崇程頤之學罷了。

　　當時程門後學多自許為有德君子，對不贊成程學者則多視為小人，如《宋
元學案》就視陳公輔為小人。〔註 21〕這其實已將維護師承，陷入一種類似宗
教情結的排他性行為。〔註 22〕胡安國與程門高足謝良佐、楊時、尹焞、游酢
交往甚密，在反對王安石新學的陣營裡，他與楊時相互呼應，是早期的代表
人物，所以對於尹焞的出仕及程的維護，在這次事件中他可說是力爭到底。
相對於胡安國，朱震雖亦被視為程門後學，但當時他與程門後學的交往並不
算密切，只向謝良佐問過學，有書信來往。〔註 23〕就學術地位而言，在當時
兩人應是相當的，但在朱熹所編的《尹洛淵源錄》中，只收胡安國而不錄朱
震，則朱震在程門中的地位可說相當模糊。然而不能因朱震沒有如胡安國的
力爭，就否定他對程學的支持，我們推想，朱震應是深知高宗的用心，所以
並沒有力諍，以此表達對高宗不贊成結社政策的支持；事後請辭則是表示對
程學的支持，這還可以從他臨死猶推薦尹焞來代替他的職位可以明瞭。朱震
的溫和與胡安國的剛急的性格有著強烈的對比。

　　另一件與朱震有關的人事，即高宗欲舉行明堂祭祀大典，而朱震極力反
對，理由是根據「王制喪三年不祭」，高宗父徽宗皇帝，於紹興五年四月崩於
五國城，不久寧德皇后又相繼去世，高宗於七年元月得知，立即發喪，九月
又從太常少卿吳表臣、孫近、陳公輔等奏：「合祀天地於明堂，太祖、太宗並
配，受胙用樂，赦天下」〔註 24〕。朱震、御察史趙渙、中書舍人傅崧卿等皆
引故事謂不可，高宗雖曾下詔，由侍從、臺諫、禮官討論此事，然終不改初
衷。朱震對此事非常堅持，高宗不肯接他的意見，朱震只好請辭，但幾次提

〔註 20〕見《續資治通鑑》卷一一八，頁 3120、3121。
〔註 21〕《宋元學案・元佑黨案》，頁 145。
〔註 22〕參考蔣義斌《宋代儒釋調和論及排佛論之演進——王安石之融通儒釋及程朱
　　　　學派之排佛反王》，頁 105。
〔註 23〕朱熹編《上蔡先生語錄》胡彥跋，憲曰：「憲大觀初年在長沙侍文定公左右，
　　　　每聽說上蔡先生之學問，以謂其言善啟發人，其後在荊門學舍從朱二丈子發
　　　　遊甚矣。子發所得話言及書疏必以相示云。」（見《朱子遺書》，藝文印書館
　　　　借國立臺灣大學圖書藏清康熙中禦兒呂氏寶誥堂刊本景印。）
〔註 24〕《要錄》卷一一四，頁 3621。

出皆不被接受。這次事件可以看出朱震「以經決事，隨事有補」〔註25〕的處世態度。至紹興八年四月，朱震主持貢舉，不久因病出院，就臥家不起。六月丁丑病急，當夜病逝，享年六十有八。

綜觀朱震一生，多不為人知，直至去世前五年（紹興四年），才被趙鼎推舉，進入中央。他以經書中所言的道德標準來決斷事理，與其他文官並無差別。但他溫和中庸的個性及處世態度，與當時程派陣營中君子小人勢不兩立的道德觀是不大相合的。紹興七年十月，趙鼎在張浚罷相後再度執政，向高宗問：「秦檜有無正論」，高宗說：「自從他去職之後，只有朱震的行事不改舊日」。趙鼎接著說：「他以為那些持中論者，都是蠱惑聖聰之人，這乃是阻害善道的方法，他們說君子小人不可太分，應當兼收並用，便可以廣開人路。我以為君子與小人並進，國家如何得治？與其多得小人，寧可少得君子，會更好些。善惡之分唯恐不嚴，稍一寬鬆便落入奸佞便僻。君子對小人常存恕道，小人對君子是不會寬容的」。〔註26〕趙鼎嚴君子小人之分的論調可作為大多數程派人物的代表，這裡所謂持中論者，即指主張君子小人兼收的朱震。朱震對君子小人的看法與當時的理學家很不相同，這在他的《漢上易傳》中可以很清楚的看出。

朱震準於天地之道，認為「君子小人無所不容」〔註27〕這可以從天地無所不存的意義而言，亦未嘗不可說君子之德含宏廣大，「包小人而容之，雖包小人而亦不亂於小人之群」。〔註28〕雖如此，朱震亦知嚴君子小人之別，但其分別是專指在個人德性上的正與不正，君子是「不正之間，獨行正者」；小人是在「眾正之間，而行不正者」〔註29〕。儒家外王事業故必由內聖所開展而出，自《孟子》、《中庸》以來，這種「修天爵，而人爵從之」的道德理想性被認為是應該的且必須要實現。所以從來都認為「人君近君子，遠小人」〔註30〕，即使真是小人，他也會如此勸諫皇帝。小人固應被疏遠，但如何做到遠而不怨，甚至不害君子，不影響整個國家安全，這是朱震所關切的。這是個實際問題，但多數標榜氣節的君子自然不會考慮一己的榮祿安危，他們關切的是個人的

〔註25〕《漢上易傳・漢上先生履歷》附祭文，頁25。
〔註26〕《要錄》卷一一五，頁3647、3648。
〔註27〕《漢上易傳》，頁597。
〔註28〕《漢上易傳》，頁129。
〔註29〕《漢上易傳》，頁124。
〔註30〕《漢上易傳》，頁301。

道德及百年後的名譽，以至於國家安全時常在被他們關切下而變得更岌岌可危。朱震認為君子對待小人必須「臨之不惡而嚴。不惡，故不可得而疏；嚴，故不可得而親。是以莫之怨亦莫敢侮。而君子小人各得其所矣。」〔註31〕讓「君子得位，小人得其所」〔註32〕；「君子得開國成家，小人得厚之以金帛祿位」。〔註33〕

小人若不鑽營求進，讒說悅上，就不成其為小人，而「自古君子不忍於小人，以及禍害常多」〔註34〕。朱震又說：「自古觀其君而去者，以未平之志為忿世疾邪之事，多失之矯激太過，豈能無咎？」〔註35〕胡安國就是這類的君子，四十年在官，其實不及六載。若所謂君子皆以此為榜樣，稍有不平，盡去其位，讓小人放肆飛揚，這真是國家之幸，萬民之福嗎？朱震屢舉歷史為證，「東漢之季清議大勝，君子小人自不相容，大過已極而不知反，是以不亨。」〔註36〕「漢唐之亂，始於小人為險，君子疾之已甚。其弊至於君子小人淪胥以敗，而國以亡。」〔註37〕朱震的見解雖已得到高宗的支持，但他的同僚們似乎不能有同情的諒解，最後南宋也在這種君子小人相互攻訐聲中走下歷史的舞臺。

朱震溫和寬容的處世態度，多為當世或傳史者所議。朱震似亦知有此結果，故曾於紹興八年四月庚辰的乞祠之章說：「夙夜自竭，圖報上恩，不敢雷同，上辜任使。知臣者，以臣為守義，不知臣者，以臣為守株，自非陛下斷而行之，則如愚臣黜已久矣。」〔註38〕朱震此語，直接說出心中之辛苦。拂袖歸去，下次或許還有升官的機會，死後又可博得高義之名，朱震豈有不知之理，數度請辭，都在高宗極力慰留下打消念頭，反而因此被認為不知進退之義。只有全祖望說：「然漢上之立身，則粹然真儒也」〔註39〕。朱震可能因此稍感安慰吧！

〔註31〕《漢上易傳》，頁 277、278。
〔註32〕《漢上易傳》，頁 81。
〔註33〕《漢上易傳》，頁 97。
〔註34〕《漢上易傳》，頁 130。
〔註35〕《漢上易傳》，頁 187。
〔註36〕《漢上易傳》，頁 243。
〔註37〕《漢上易傳》，頁 83。
〔註38〕見《要錄》卷一一九，頁 3766。
〔註39〕見《宋元學案‧漢上學案》，頁 45。

第二節　著作

朱震的著作據《宋史‧藝文志》載,有《易傳》十一卷,《卦圖》三卷,《易傳叢說》一卷。然據朱震紹興七年〔註40〕所上〈進周易表〉云:

> 臣頃者避宦西洛,或觀遺書,問疑請益,遍訪師門,而後粗窺一二,造次不舍十八年,起政和丙申(西元 1116 年)終紹興甲寅(西元 1134 年),成《周易集傳》九卷、《周易圖》三卷、《周易叢說》一卷。

今所見有明《通志堂》本、清《四庫》本、《四庫薈要》本、《四部叢刊續編》本,近代《湖北先正遺書》本,版本凡五。〔註41〕皆收《易傳》十一卷,而非九卷,陳振孫曰:「序稱九卷,蓋合〈說〉、〈序〉、〈雜〉卦為一也」。〔註42〕

今《周易集傳》十一卷,依王弼以來注本,將〈文言傳〉、〈彖傳〉、〈象傳〉打散,并入經文六十四卦爻辭下,分為六卷;將〈繫辭〉上下傳分為兩卷,唯各分為十章,與孔穎達、朱熹分成十二章,略有不同;〈說卦傳〉、〈序卦傳〉、〈雜卦傳〉各一卷,共十一卷。

《易卦圖》三卷,分上、中、下三卷,共四十二幅。易圖內容之多,為南宋圖書易學之先驅,率先將河圖、洛書置於扉頁之前,而後才是朱熹。然最早將河圖、洛書繪制成圖者,則是劉牧《易數鉤隱圖》。朱震蒐制卦圖的目的在「解剝《彖》、《象》,推廣《說卦》,斷古今之疑,發不盡之意,彌縫《易傳》之闕者也」。戴君仁說:「《本義》裡的九圖,是有系統的,《漢上卦圖》則顯雜蕪。」〔註43〕吾以為,若朱子《本義》易圖,是有系統的,則《漢上卦圖》亦非無理之安排,下文將尋繹其脈絡,疏通其理秩。

〔註40〕 冒辛懷先生〈朱震的生平及其《漢上易傳》中的象數學〉一文,或說紹興六年秋,朱震呈所撰《周易集傳》等書及〈進周易表〉一文,(參見侯外廬主編《宋明理學史》,頁 254)或說在紹興五年進表(頁 262),說法不一。案:朱震於〈進周易表〉中說:「翰林學士左朝奉大夫知制誥兼資善堂翊善長林縣開國男食邑三伯戶賜紫金魚袋臣朱震,右臣伏奉四月二十九日聖旨,今臣進所撰《周易集傳》等書。」朱震任左朝奉佑制誥是在紹興六年十一月三日(見《漢上先生履歷》),聖旨為四月二十九日,故上表呈書應在紹興七年,非冒君所言五年或六年秋。

〔註41〕 《四部叢刊本》乃據《上海涵芬樓景印北平圖書館藏宋刊本》,闕卷,以《汲古閣景宋鈔本》補配。

〔註42〕 見朱彝尊《經義考》,卷二十二。(中華書局,68 年 2 月台三版,台北)

〔註43〕 見《易學論文集》第三輯中,戴君仁〈蘇軾與朱震的易學〉一文,頁 300。(北京師範大學出版社,1990 年 5 月 1 版)

　　《易叢說》一卷，或宣揚其學術思想，或文句解詁，或評論諸家易傳，
內容雜多，是《漢上易傳》之輔翼。

　　朱震除《易》學外，於《春秋》亦曾研習，靖康元年以太學春秋博士致
仕，又常於制詞中，引用春秋大義〔註44〕，惜未有著作流傳下來。又王應麟
《困學紀聞》卷三，載朱震論「刪詩」一段〔註45〕，然亦未見有關《詩》之
著作流傳。

〔註44〕案：紹興七年，張浚罷相，朱震即以春秋大義作制詞。又《要錄》卷七十載，
　　　　紹興五年六月戊辰，祕書丞環中知臨江軍中，嘗進春秋年表。上以賜輔臣沈
　　　　與求，奏不知誰，詮次恐不當，先魯而後周，甚非春秋尊王之意。上曰侯，
　　　　更令朱震校勘。由諸事可知，朱震亦長《春秋》之學，惜未見著作流傳。
〔註45〕王應麟《困學紀聞》卷三載，朱子發曰：「《詩》全篇削去者，二千六百九十
　　　　四篇，如〈貍首〉、〈曾孫〉之類是也。篇中刪章者，如〈唐棣之華〉、〈偏其
　　　　反而〉、〈豈不爾思〉、〈室是遠而〉是也。章中刪句者，如〈巧笑倩兮〉、〈美
　　　　目盼兮〉、〈豈不爾思〉、〈室是遠而〉是也。章中刪句者，如〈巧笑倩兮〉、〈美
　　　　目盼兮〉、〈素以為絢兮〉是也。句中刪字者，如〈誰能秉國成〉、〈不自為正〉、
　　　　〈卒勞百姓〉是也。」

第二章 《漢上易傳》之易象學

第一節 觀象論變

一、隨時變動

　　易無非象，易學之形成，是由兩種代表不同勢能的符號，經由創造組合而成一群群的圖象，來表示天地間紛雜紊亂的物象，與其中幽微深隱之理象，易學之不同於其他學術思想之風貌即在於此。雖然闡發易道的方法，亦可經由筮數占變，文字顯理等，然此皆需倚象而立。故觀象尋易，仍是最原始而直接的方法。〈乾大象〉曰：

> 易者象也，有卦象，有爻象。象也者，言乎象者，言卦象者也。爻
> 象動乎內，言爻象也。夫子之大象，別以八卦取象，錯綜而成之。
> 有取兩體者，有取互體者，有取卦變者，大概象有未盡，於大象中
> 之。〔三〇〕

朱震認為《周易》以象為其根本，《周易》是由卦、爻象構成，通常認為〈彖〉是斷一卦之義，〈大象〉、〈小象〉才是分別用以解釋卦、爻象，但朱震則以為〈彖〉、〈象〉二傳都是孔子用來解釋卦爻象，其中〈大象傳〉又是補充〈彖傳〉之解卦象的不足，使用方法則有取「兩體」、「互體」、「卦變」。這已可看出朱震易學的基本思想是以象為本的。〈繫辭〉「聖人設卦觀象」一章說：

> 聖人設卦本以觀象，不言而見吉凶。自伏羲至於堯舜文王，近者同
> 時，遠者萬有千歲，其道如出一人，觀象而自得也。聖人憂患後世，

懼觀之者，其智有不足以知此，于是繫之卦辭，又繫之爻辭，以明

告之，非得已也，為觀象而未知者設也。〔五一七〕

這裡指出，聖人設卦本於觀象，至於繫上卦爻辭是聖人懼後世讀易者觀象而
不知義，不得已而繫辭明示之，這更表示義已含於象中，繫辭只是指示的功
用，象的表義層級要高於辭。

朱震進一步說：凡「動於人情，見於風氣，有是時必有是象。」〔五七四〕
此將象的意義擴充到不論人情事理之動，氣化流行所呈現，只要存於時空者
必定有象足以摹擬形容。換言之，象是無時不有。時的觀念是《易傳》中強調
的，特別是〈彖傳〉時常出現「時大矣哉」、「時用大矣哉」、「時義大矣哉」的
詞句。朱震將易重時的觀念更加擴大，而說「有是時必有是象」，這個觀念非
常重要，且影響甚遠。他說：「易象猶如繪畫雕刻，將一時所呈現的，把它譬
擬成具體的形象容貌。解說象的辭就叫做「彖」，主要表達一象的才德，而每
一卦皆有剛柔的才德。有如此時，便有如此象，有如此才，因才濟世配合時
勢才足以開物成務。但是天下事理之變動，隱微難知，雖同是一時，同處一
事，所當之位有不同，則趨捨進退有別，所以說爻即傚效天下萬物的發生與
變動。因此卦同爻異，隨時之變而有不同的進退，不會完全相同。〔註1〕「隨
時變動」是《漢上易》易象學中一個重要觀念。

二、隨時取象

有是時則有是象，時有變動，用以擬時的象也應隨時而取，不限於一端。
所以《漢上易》取象之法便是隨時變易，不可以一概論之，〈復卦象〉曰：「易
無非象，彖也，大象也，小象也，其象各有所宜，不可以一概論」。〔二一四〕
〈噬嗑九四〉曰：「若以五為君，則二大夫，三公，四侯，相噬何哉？易不可
一端盡也」。〔一九五〕這是對《京房易傳》及《緯乾鑿度》以爻位配官爵說法
的修正，以爻位配官爵可用於解釋某些卦，但不可以為六十四卦皆可用之。
要隨時隨卦義而取象，以盡萬物之理。《叢說》舉象之例說：

〔註1〕《漢上易傳·繫下二》：「易之有象，擬諸其形容而已，猶繪畫之事，雕刻之
工，一亮損益則不相似矣。象之辭又謂之彖者，言乎其才也，卦有剛柔才也。
有是時，有是象，必有是才，以濟之才與時會，斯足以成務矣。然天下之動，
其微難知，有同是一時，同處一事，所當之位有不同焉，則趨舍進退殊途矣，
故曰爻者效天下之動也。是以卦同爻異，趣時之變，不得而同然，所歸則若
符節。」〔五七五〕

卦有取前卦以為象者，有取後卦以為象者，有以一爻而取兩象者，
有一象而兼二爻者，有一爻變動而二爻共取以為象者，其言可謂曲
矣。然盡萬物之理，不如是，無以致曲焉；不如是，其言亦不能以
中矣。〔八五二〕

所謂「有取前卦以為象，有取後卦以為象」，朱伯崑先生《易學哲學史》認為：
「前卦」和「後卦」，指卦序中的相因之卦，如歸妹卦則取前卦漸卦辭中「女
歸」之象。〔註2〕然朱震釋〈明夷六二〉說：

卦爻有因前爻，何也？亦彰往察來之一端也。前爻既往，後爻方來，
來往相為用，故有因爻成象者，如同人九四因九三，九五因九三九
四；明夷六二因初九也。有因前卦為象者，如明夷之上六因晉，夬
之初九因大壯。〔二九七～二九八〕

則明夷與晉，夬與大壯之間，顯然並非必為卦序中的相因之卦。而「一爻而
取兩象」，如「鼎之初六，曲取顛趾出否，又取得妾以其子」。〔九〇一〕「一象
而兼兩爻」，如豐卦六二、九四，皆取「豐其蔀，日中見斗」；漸卦九三、上
九，皆取「鴻漸于陸」。「一爻變動而二爻共取以為象」，如漸卦六四爻取婦象，
下降親九三爻，其爻辭則為「婦孕不育」，上升親九五爻，其爻辭則為「婦三
歲不孕」。〔註3〕《漢上易》承繼東漢以來注經學家之看法，認為卦爻象與卦
爻辭之間有密不可分之關係，即卦爻辭是來解釋卦爻象的，所以《漢上易》
運用各種方法來解釋卦爻辭與卦爻象之間的關係，因此亦無法避免其批評虞
翻，「論象太密，則失之於牽合」〔八九六〕的弊端，這是落入言筌必然產生的
結果。

第二節　易象說之承續與修訂

《漢上易傳序》云：

聖人觀陰陽之變而立卦，效天下之動而生爻，變動之別，其傳有五；
曰動爻、曰卦變、曰互體、曰五行、曰納甲，而卦變之中，又有變
焉。〔一〕

〔註2〕見朱伯崑《易學哲學史》卷中，頁353。（北京大學出版，1988年1月初版，
　　　北京。）
〔註3〕見朱伯崑《易學哲學史》卷中，頁353。

此為《漢上易》易象學之體例。大概地說：所謂動爻，就是爻變，包括揲蓍過程中的九六之變；陸績的陽爻居陰位、陰爻居陽位則變；還有六爻的升降變動。所謂卦變，指乾坤相交而成的十二消息卦；卦變之中又有變焉，則指的是相生卦說，及反對卦說。所謂互體，則是指一卦含四卦，四卦之中又有變動。所謂五行，指「一生水而成六，二生火而成七，三生木而成八，四生金而成九，五生土而成十」的五行生成說。所謂納甲，即八卦與十日相配。〔註4〕接著說：

> 凡此五者之變，自一二三四言之謂之數，自有形無形言之謂之象，自推考象數言之謂之占。聖人無不該也，無不遍也。隨其變言之謂之辭，辭也者所以明道也。故辭之所指變也，象數也，占也，無不具焉。〔三～四〕

此五種基本體例中，就有形無形而言則是象，就生成次序而言則為數，用來推算象數的方法則叫做占筮，卦爻辭則用以指明象數變動所含藏的意義，彰顯天人之道。可知《漢上易》是以象數為基石，向上推其術則知占筮之法，向內究其指涉則知天人義理之道，所以明象數則占術、義理具備矣。

一、卦變

（一）歷史根源

朱震說：「周易論變，故古人言易，雖不筮，必以變言其義」。〔八八○〕這話已肯定「變」是《周易》之基本精神，後世雖不用筮，但必根據變動的精神談易義。以變動論卦爻，自來有之，朱震並為卦變尋其歷史源頭。首先，便找到《春秋左傳》言「某卦之某卦」，認為這即是談卦變，是卦變發展之先驅。又認為〈繫辭〉說：「變動不居，周流六虛，上下無常，剛柔相易，不可為典要，唯變所適」。〈說卦〉說：「其究為健」，「天地定位，山澤通氣，雷風相薄，水火不相射」；及乾坤為父母卦生六子卦；〈序卦〉說：「物不可以終盡，剝窮上反下，故受之以復。」都是談卦變。

屈萬里說：「（《國語》《左傳》易例）以象為說者十事，實開漢人以象數說易之先河。彖象傳釋易卦，故每以上下體之象為說，然未嘗以卦象分析卦爻辭，尤未嘗以卦變之象為說。以卦象分析卦爻辭，及以卦變之象為說者，

〔註4〕《漢上易傳序》，頁1～3。

自《左》《國》始」。〔註5〕李鏡池說:「『變卦』與『卦變』不同:『變卦』從揲蓍而變;『卦變』是卦自為變。漢儒之『之卦』與《左》、《國》『某卦之某卦』也是不同。《左》、《國》只言『變卦』,卻沒有用『卦變』之法。談『卦變』當自漢儒始。」〔註6〕《左傳》所言「某卦之某卦」,確與漢儒有系統的言卦變,有所不同。而所舉〈繫辭〉之言,至多能言易道以變為義,強言之,可作為卦變之理論根據,非以卦變之象為說;如〈說卦〉〈序卦〉所言,則可視為卦變所含之內容。漢代京房(西元前77〜37)的八宮卦、世應、游魂歸魂之說,為真正有系統的卦變說之始,後來虞翻(西元170〜239)、蔡景君、伏曼容(西元421〜502)的旁通之說,虞翻、蔡景君、伏曼容、蜀才(西元306前)、李之才(?〜西元1045)所謂自某卦來之說,悉皆為朱震所接受。朱震以為程頤、張載亦言卦變〔註7〕,並譏王弼(西元226〜249)說:「王弼注賁曰『坤之上六來居二位,柔來文剛之義也;乾之九二分居上位,分剛上而文柔之義也。』此即卦變也,而弼力詆卦變,是終日數十,而不知二五也。」〔九〇七〕

(二)理論根據

朱震將卦變建立在「體用相資」的理論基礎上。首先就卦爻的性質而說,〈繫上十〉:

> 乾坤成列,則象爻變動蘊於其中;乾坤體也,象爻變動用也,體數則用不可見,用不可見則體因是息。……乾健也,坤順也,健順者意也,謂之乾坤者名也,乾奇坤偶象也,象成而著者形也。〔五五九〕

〔註5〕屈萬里《先秦漢魏易例述評》,頁65。(學生書局,74年9月3版,台北)
〔註6〕見黃壽祺、張善文編《周易研究論文集》第二輯,收錄李鏡池〈左傳、國語中易筮之研究〉一文,頁103〜104。(北京師範大學出版,1989年8月初版,北京。)
〔註7〕朱震《易叢說》:「伊川《易傳》損六三曰:『三陽同行,則損九三以益上;三陰同行,則損上六以為三,三人行則損一人也。上以柔易剛,而謂之損,但言其減一耳,上與三本相應,由二爻升降,而一卦皆成,兩相與也。初二二陽,四五二陰,同德相比,三與上應,皆兩相與,則其志專,皆為得其友也。』傳言損三益上,損上為三,以柔易剛,二爻升降,此正論卦變也。「又曰:《易傳》曰:『乾坤之變巽艮,巽艮重而為漸,在漸體而言中二爻交也,由二爻之交,然後男女各得正位。』觀此,則伊川亦用卦變矣。」又曰:「橫渠《易解》損六三、上九曰:『六三本為上六,上九本為九三』,解益曰:『否卦九四下而為初九,故曰天施地生,又曰損上益下,又曰自上下下。』則橫渠言卦變矣。」

健、順是爻象的基本特性；稱健性為乾，順性為坤，乾坤為稱性之名；具象的表示則以乾奇（一）、坤偶（--）為符號。乾坤體也，應說健順是體；象爻變動用也，即用奇偶符號排列組合而成的「象」來表示各種情境及其變化關係。所以當代表乾坤之性的象呈現的同時，意、象、名三者俱在，非有先後。我們承認理在邏輯上先於象名而存在，但若未象未名的理只能說是存有而不活動的，如此，亦可說此理對某未見此理之象名之人而言是不存在的。故理必因象而明，是謂「用不可見則體因是息」；而象必依理而存在，有是象必有是理，故說「體毀則用不可見」。至於體用關係表現於卦爻象變動上，則如〈屯象〉說：

> 或曰：聖人既重卦矣，又有卦變何也？曰：因體以明用也，易無非用，用無非變。以乾坤為體，則八卦為用；以八卦為體，則六十四卦為用；以六十四卦為體，則卦變為為用；以卦變為體，則以六爻相變為用。體用相資，其變無窮，而乾坤不變，變者易也，不變者易之祖也。〔五九～六○〕

這是在體用相資不離的關係上說，每一事理各有其體用，此是體用的相對性，即同一事理在不同的情況可能體亦可能為用。同樣的意思，在〈繫下六〉說：

> 易之為書也，明天地之用，其用不過乎六爻，不可遠也，遠此而求之，則違道遠矣。……初率其吉凶之辭，揆其八卦之方，則既有典常可守矣。蓋不可遠者，易之體也，而有用焉；為道也屢遷者，易之用也，而有體焉。能知卦象合一，體用同源者乎，斯可以言易之書也。〔五九二〕

天地之用，不過乎六爻，六爻成乎位，位者虛也，六爻升降，上下無常，唯變所適，而有卦變之用。卦變為用，則以六爻為體；六爻為用，則陰陽為體；陰陽為用，太極為體。太極發動，陰陽成用，其用難知，唯見諸六爻變動，成卦示象，觀象而而自得也，聖人懼後世觀象而未知，故繫之辭，辭之所指，卦之變動也。是謂「卦象合一，體用同源」。將卦爻象的變動連於體用關係上說，可說是《漢上易》的重要發明。

（三）卦變之內容

所謂「卦變」，廣義的說，凡是卦象發生變化者皆可稱之。朱震則僅就「十二辟卦」、「反對卦」及「自某卦來之」三者而言。其注〈剝卦象〉云：

> 卦變自辟卦言之：坤變復，六變而成乾；乾變姤，六變而成坤。自反對言之：復姤變十二卦，遯否臨泰變四十八卦，自下而變也，觀

剝之象可知也。自相生言之；復姤五變成十卦，臨遯五復五變成二十四卦，泰否三復三變成十八卦，上下相變也，觀小過之象可知也。〔二○六～二○七〕

1. 十二辟卦

所謂十二辟卦，即以十二卦分主十二月。十二月卦是卦氣說之一，出自《孟喜章句》〔註8〕。卦氣說是以六十四卦三百八十四爻配合一年中四時、十二月、二十四節氣、七十二候、三百六十五日之一套龐大的組織系統。其目的本於稽考節氣，參以卦爻，以明人事。十二月是根據陽息陰消而來，陽息則陽息坤，一陽漸長，由復而臨，而泰，而大壯，而夬，以至於乾；陰消則陰消乾，一陰漸長，由姤而遯，而否，而觀，而剝，以至於坤。消息之義發於〈彖傳〉，〈剝彖〉曰「柔變剛」，漢人所謂陰消乾也；〈夬彖〉曰「剛決柔」，漢人所謂陽息坤也。消息之名於〈彖傳〉亦有根據，〈剝彖〉曰「君子尚消息盈虛」，〈豐之彖〉曰「天地盈虛，與時消息」。至西漢京房所上封事，謂「少陰倍力而乘消息」（《京房傳》），《乾鑿度》亦曰：「消息卦，純者為帝，不純者為王」，消息卦之名約成於此。而將消息卦配十二月，則確立於孟喜。十二辟卦原用以推說災異，已失穿鑿，而東漢荀爽（西元128～190）、虞翻將十二消息卦用於注經，為了注解經文，而流於附會，徒為後人垢病。

平實而論，十二消息卦於經旨或有穿鑿，但於漢人易例中，最為於經有徵者。觀〈繫辭〉所云：「變通配四時」，「往來不窮之謂通」，「剛柔相推，變在其中」，及〈復卦彖〉曰：「先王以至日閉關，商旅不行，后不省方」，皆與十二消息卦之義相合。而朱震對十二消息卦之態度為何？朱震肯定卦氣說將卦爻與曆相合的作法，觀其《易圖》中，錄有李溉〈卦氣圖〉、揚雄〈太玄準易圖〉，及多幅律呂與卦氣相合之圖，並通源流，可見一斑。但值得一提的是，以卦氣之術解經非朱震注經所重者，更遑論推說災異了。其僅於諸卦〈彖傳〉之末，言「某卦為某月」、「《太玄》準之以某」。十二消息卦中，只於〈復卦彖〉說：

天道之，極則來反，往則必復，其復之數，自午至子不過於七，陽生於子，陰生於午，剝復七變，陽涉六陰，極而反初。日也、月也、

〔註8〕見《新唐書》卷二十七，唐僧一行《大衍曆卦議》：「十二月卦出於《孟喜章句》，其說《易》本於氣，而後以人事明之。」（洪氏出版社，64年10月初版，台北。）

歲也，天地五行之數所不可違，而必曰七日者，明律歷之元也。〔二一二〕

「七日」之說，眾說紛紜，朱震於此，僅肯定數不可違，以陰陽反復之義言之，並以為卦所以言七日者，為明律歷之元也。（案：關於七日之說之討論，朱震置《易圖》之中，作為輔翼，其輕重之別可判也。）又〈姤象〉注曰：

易於復言「七日來復」，冬至也；於姤言「品物咸章」，夏至也，舉二至則律歷見矣。〔三五六〕

兩段皆所以明律歷也，均非注文主要所表達者，言消息所重仍在於推明人事，論君子小人之進退，〈遯卦彖〉注曰：

遯，坤再交乾也。陽長則陰消，柔壯則剛遯，晝夜寒暑之道也。二陰漫長，得位於內，君子之道漸消，是以四陽遯去，自內而之外，故曰遯。……蓋遯非疾世避俗，長往而不反之謂也。去留遲速，唯時而已，不忘乎君，不離乎群，消息盈虛，循天而行者，豈能盡遯之時義哉？〔二七六～二七七〕

觀其注，稽考陰陽二氣之消長，參乎卦象，以明人事之進退出處，何遜於所謂義理派者？世之未察，一見其言卦變、互體、納甲、五行，便歸之為象數派，崇義理，貶象數，豈其然哉？李綱《梁谿易傳內篇》序曰：「漢晉間如九師之流，一主於象數，而不稽義理，故其取象蔓衍迂闊，多背聖人之意。自王輔嗣以來，及近世學者，一主於義理，而不求象數，故其訓義與象相違，因失聖人之意者，亦不為尠。二者胥失也。夫聖人極數以定象，立象以盡意，舍象數以求意，是猶捨筌蹄而求魚兔，捐麴蘖而求酒醴也。」〔註9〕故必質諸象數，考諸義理，聖人之意斯可見，且宋代易學家，亦實多兼通象數義理，但有輕重而已。

2. 反對卦

所謂反對者，六爻反轉也。經卦排列以此為序，〈雜卦〉用以釋義，虞翻始以注經，孔穎達（西元574～648）所謂「六十四卦，兩兩相耦，非覆即變」〔註10〕。覆者表裡相視為兩卦，反對也；變者表裡為一，相對為二也。」李挺之作〈變卦反對圖〉，朱震解釋說：「六十四卦剛柔相易，周流而變，易於序

〔註9〕見朱彝尊《經義考》卷二十三。（中華書局，68年2月台三版，台北。）

〔註10〕見孔穎達《周易正義》卷十。（藝文印書館，景印嘉慶二十年江西南昌府阮元重刊宋本十三經注疏，78年1月11版，台北。）

卦於雜卦盡之。」〔七一九〕可見反對卦主要用於〈序卦〉〈雜卦〉，說明經卦卦序，及相因兩卦之間的關係。朱震據此訂正〈雜卦〉自大過卦以下八卦，因錯簡而未符反對之義，朱震以為當曰：

> 頤，養正也；大過，顛也。遘，遇也，遘當作姤，柔遇剛也；夬，
> 決也，剛決柔也，君子道長，小人道憂也。漸，女歸，待男行也；
> 歸妹，女之終也。既濟，定也；未濟，男之窮也。〔七○二〕

朱震以反對說明一卦卦義，或卦辭與卦象之間的聯係，如蒙、豫、觀、無妄、明夷、睽、解、益、升、艮、兌等，其釋〈睽卦〉卦義曰：

> 睽本同也，離兌同為女，至於睽者，時也。故睽自家人反，明本同
> 也。本不同則無睽，唯本同故有合睽之道。〔三○八〕

朱震認為睽卦，中少二女本同一家，至於睽違，時所趨也，六爻言合睽之道，本同而時睽，始有合睽之道，本不相同，則無從言睽也。朱震釋九二爻「遇主于巷」，亦用反對，其言曰：

> 九二以剛中之德，遇六五濟睽之主，人情睽離之時，二五皆非正應。
> 五來求二，兌變震艮，睽者家人之反，艮為門，為徑，家門之有徑
> 者，巷也。二往應之，離變巽，巽東南，主人位也。五來求二，二
> 適往應，是以相遇，故曰「遇主于巷」。〔三一一〕

二五同位相應，然九二、六五非得位，故曰「二五皆非正應」。五來之二，下卦兌變為震，二三四爻互體成艮，艮為門，為徑，睽自家人反，家門之有徑，是為巷。二往之五，三四五爻互體為巽，巽居東南，古以東南為主人位，西北為賓位。二五往來相遇，故曰「遇主于巷」。以反對解說爻辭，不見于經傳，為虞翻注經以來之推廣，朱震注經，亦不多運用。卦氣說、反對說，在朱震卦變說中，只是輔翼，主要為相生說。

3. 相生卦

相生說是根據李之才〈六十四卦相生圖〉而來，而李氏此圖則來自於虞翻卦變說。不同的是，虞翻卦變說以復、姤、臨、遯、泰、否、觀、大壯八辟卦為主，凡五陰一陽，五陽一陰者，皆自復姤而來；凡二陽四陰，二陰四陽，皆自臨遯來；凡三陰三陽則自泰否來，凡四陽二陰，四陰二陽，皆自觀大壯來。虞翻卦變有一特點，維持一爻變動的原則，但因此也造成中孚和小過另立體例，成為變例之卦。此外，亦造成二陰二陽之卦中，有離、革、鼎、大過、坎、蒙、屯、頤八卦，在四陰四陽之卦中重出。李之才制〈相生卦圖〉，

為避免虞翻卦變說中之變例與重出的發生，只以復、姤、臨、遯、泰、否六辟卦之主，將自觀、大壯而來之卦，分別并入臨遯之中，更見系統化。這比後來朱熹在《周易本義》中，以十二辟卦為主，造成六十卦重出，更見其邏輯化。但並非全無問題，虞翻所以堅持一爻變動的原則，是為了注經需要，而李之才之相生，忽略此原則，若以之注經，變化紛紜，無理可尋。這便是採用卦變說，要兼顧全面性，系統性，理則性，所遭遇的困難。

朱震在《易圖》之中，敘述李氏〈相生卦圖〉，始於虞翻，經李鼎祚取蜀才、盧氏（盧景裕）之書及侯果等補訂之〔註11〕，至李氏而成。並認為卦變說，所以「明往來屈信，利害吉凶之無常」。倘以現象界之瞬息萬變，卦變之說乃至焦延壽（約西元前 70～10 間）《易林》將六十四卦變而為四千又九十六卦，實有可信之理。惜礙於注經，卦變之說有時不免牽合，非得已也。故從朱震注經，仍可看出，其為維持一爻變動的理則，及兼顧卦義合理的解釋，所作的努力。如釋〈需彖〉曰：

> 需自大壯變。大壯四陽同德，四與五孚，未進之時，雖未得天位，其德固已剛健有孚，特道未彰爾。及其自四而進，則位乎天位，乃光亨也。〔七五〕

依〈相生卦圖〉，需卦當自臨卦而來，朱震仍依虞翻，言「需自大壯變」，其為維持一爻變、動之理，可知也。朱震認為，需卦九五爻為一卦之主，需道至此而成，天下之需於五者，無所不獲，各足其量，能養之不過，應之無窮，非中正之君，孰能至之。〔註12〕朱震將需卦六爻，視為需道之過程，前三爻尚未得位，且有險在前，當以守正為主，四爻進乎上，未得天位，唯以順德，但其德固已剛健有孚，唯時未至，待進乎九五，乃得光亨如自臨卦而來，則無法作此解釋。又如〈萃彖〉曰：

> 萃自臨來，小過三之五。艮為門闕，巽為高，上為宗廟，四本震爻長子也，三自門闕升高至宗廟，有長子奉祀之象。民之所聚，必建邦設都，宗廟為先宮室次之，王者萃天下之道，至於有廟，則萃道至矣。〔三六四〕

〔註11〕《漢上易圖》，卷上，頁 739～740。
〔註12〕朱震注需卦九五爻辭曰：九五為需之主，應之以中正而已，天下之需於五者，无須不獲，各足其量而止。……需者无窮，應者不動，故貞吉。貞吉者，以中而正也。中則養之者不過，過則應之有時而窮。

由此更可見朱震之用心，其為維護其相生說之系統，而曰「萃自臨來」；為維持一爻變之原則，曰「小過三之五」，其目的為解釋「王假有廟，致孝享也」與卦象之關係。或怪其牽合，然較其注與程朱等義理派者，除基於認為卦象與卦辭間必有關係而須說明外，於義理之闡述，未嘗少矣。此外，如「中孚自臨來，訟之變也」；「小過自臨來，明夷變也」，皆為兼顧相生說與一爻變動之原則。唯一可議者，是對〈晉彖〉之解釋，其文曰：

> 晉自臨來，蹇之變也。離者，坤易乾也，離為明，自六五言之為大明；乾陽為大也，人君有明德，居尊位，照天下之象。坤順離麗也，人臣之道主於順，而不知其所麗，則其道不能以上行，順而麗乎大明，然後蹇六三之柔進而與君同德，故曰「順而麗乎大明，柔進而上」。〔二八七〕

按蹇之變晉，不只一爻變動，且蹇卦第三爻為當為九三，而諸本皆作如上文，實為可議。此段實可自離坤兩體言之，不必自卦變而言。

二、動爻

《周易集傳序》中，解釋所謂動爻曰：

> 一三五陽也，二四六陰也，天地相函，坎離相交，謂之位。七八者陰陽之稚，六九者陰陽之究；稚不變也，究則變焉，謂之策。七八六九，或得或失，雜而成文，謂之爻。昔周人掌三易之法，一曰連山，二曰歸藏，三曰周易，七八者連山、歸藏也，六九者者周易也，經實備之。策三變而成爻，爻六變而成位，變者以不變者為體，不變者以變者為用。四象並行，八卦交錯，而天地萬物之情可見矣。其在〈繫辭〉曰：「爻象動乎內，吉凶見乎外」，又曰：「道有變動，故曰爻」。〔一〕

爻和位是構成一卦的基本要素。位的體性是陰與陽，一、三、五是陽位，二、四、六是陰位，一陽一陰相間，是謂「天地相函，坎離相交」。位在一卦之內，代表一爻處陰位或陽位時，其變化如何？其發展是趨增強或衰退；及與各爻之間的關係。爻之體亦為陰陽，「七八者陰陽之稚，六九者陰陽之究」，是謂七是少陽，八是少陰，稱為稚；六是老陰，九是老陽，稱為究，即所謂「四象」。六七八九是為策數，在占筮的過程中，三變而成一爻，爻六變則成位（即成一卦）。爻之性為變化，言動爻則為強調其變易也，釋〈繫辭〉曰：

變化者進退之象,剛柔者晝夜之象。晝推而進則夜退,柔者變而剛;

夜推而晝退,剛者變而柔。晝夜之進退無止,剛柔之變化不窮,憂虞

異情,得失殊致,故曰「吉凶悔吝生乎動」,變化者動爻也。〔五一八〕

卦爻所以模擬四時之象,四時晝夜之進退無止,則卦爻剛柔之變化不窮。爻

之動靜得當則吉,當靜而動,當動而靜則凶、悔、吝也,吉凶悔吝生乎爻之

動,得失憂虞之情現乎外。是以動爻主變化也,然則與卦變何異哉?朱震說:

天下之至賾者理也,天下之至動者時也,畫卦以明理而卦有變,生

爻以明時而爻有動。〔五三二〕

朱震分別卦變與動爻,畫卦為明天下之理,天下之理至為幽深紛紜,故有卦

變;理非不動,因時而異,故生爻以明時,而爻有動。簡而言之,卦變以明天

下之眾理,動爻主要表達理是隨時變化。朱震又說:

君子所居而安者,易貴賤之序也;所樂而玩者,爻吉凶之辭也。居

則觀其卦之象而玩其辭,動則觀其爻之變而玩其占,易以變為占,

於占言變,則居之所玩未變之辭也。〔五一九〕

朱震認為,平居未動之時,則玩未變之卦辭,動則觀其占變之爻辭。由占筮

而言,卦所表示的,即宇宙之間所蘊含的各種情境之理,這些情境,皆存在

於宇宙之中,但不會同時為人所遭遇。當平居無事之時,觀象玩辭,所以預

窺天地之理,藏於胸臆,以備不時。然「易象難知者,當以卜筮決之」〔八九

一〕,是以卜筮興之以決其疑,察所遇之境,然雖「同是一時,同處一事,所

處之位有不同焉,則趨舍進退殊途矣。」〔五七五〕故須觀變動之爻,以盡其

利。所以動爻者,是以明當此之時,以何爻為主,此爻之才德為何,與他爻之

間有何聯係?雖然動爻之說不見於經傳,然傳中言當位,不當位,承、乘、

比、應等爻例,又言「爻象動乎內,吉凶見乎外」,皆可為動爻說之理論根據,

是動爻之說為易之蘊也。

　　朱震論動爻源於陸績(西元 188～291),《叢說》曰:「陸績之學始論動

爻」〔八九九〕。〔註13〕陸績之前的荀爽已有「爻位升降」之說,但顯然朱震

<hr>

〔註13〕見徐芹庭《周易陸氏學》,徐氏言「陸氏易例」有,爻變:陰極生陽,陽極陰,
　　　　陰陽失位,則宜變正,謂之爻變。得正得位,失正失位:凡陰居陰位,陽居
　　　　陽位謂之得正,亦曰得位,亦曰當位。陽居陰位,陰居陽位,謂之失位,亦
　　　　曰不正,亦曰失正,亦或曰不當位。易位:如兩爻不正,則互易其位,而皆
　　　　得正,謂之易位。頁 44～46。按:凡此皆為朱震論動爻所吸收。(成文出版
　　　　社,66 年 2 月,台北。)

並不贊同荀爽的說法。《叢說》說：

> 或曰：「乾當在上，處乎下則必升；坤當在下，處乎上則必降。」此
> 言否泰可也，於訟无妄不通矣。訟四（案：當為二（「剛來而得中」，
> 无妄曰「剛自外來而為主於內」，二卦陽爻皆四畫，蓋訟者遯三之
> 二，无妄者遯三之初。凡言來者皆自外來，初二視三則外矣。〔九一
> 七〕

荀爽創升降說，認為陽（乾）當在上，陽在下者當升於五或升上卦；坤（陰）
當在下，陰在上者當降於二或降下卦。荀氏又本升降之理，而有卦變說，以
乾坤為樞紐，泰否為運用，泰否亦由乾坤而來。〔註14〕其實，嚴格的說荀氏
並沒有成熟而有系統的卦變說，朱震就認為，陽升陰降之理用於泰否兩卦尚
可通，若用於其他卦之卦變上便有問題，他舉訟无妄兩卦為例，朱震所言卦
變是承自虞翻一爻變動的原則，故訟、无妄為四陽二陰之卦，皆當自遯卦而
來，理由已見前文。《叢說》中，有「辨陰陽之位」條說：

> 疾者，陰陽偏勝而不得其正也，故卦以陰居陽，陽居陰者，謂之疾，
> 所得之偏者亦然，三疾是也。或曰：「偏乎陰者資之以陽，偏乎陽者
> 資之以陰，謂陰處陰」，則誤矣。陰陽各得其正，非疾也。〈說卦〉
> 以坎為心病，坎者乾之二五交乎坤也，二陽不當位，疾也，五陽當
> 位，通也，故坎又為心亨。先儒概以坎為病，則誤也，曰心病，曰
> 心亨者，二五中也。〔八四五～八四六〕

朱震以「疾者，陰陽失位之象」〔二二六〕，一三五陽位，二四六陰位，以陽居
陽位或以陰居陰位者，得位得正；得位得正者戒之勿動，動則失正，如注无
妄九五「无妄之疾，勿藥有喜」說：

> 九五六二无妄相與，而九四以妄間之，九五之疾也。疾者，陰陽失
> 位之象。……然而无妄之疾，非妄所致，勿藥可也。蓋九五至正，
> 戒之在動，動而求，所以攻之，則不正，復入於妄，以妄治妄，其
> 疾愈深，待之以正，則邪妄自復。〔二二六〕

又注遯九三「係遯，有疾，厲，畜臣妾」曰：

> 九三得位，係於二陰，而不能遯，巽繩係也，故曰「係遯」。九三遯
> 則陽失位，以動為疾，故安其位而不動，故曰「有疾」。陰方剝陽，

〔註14〕 見徐芹庭《兩漢十六家注易闡微》，頁 487～489。（五洲出版社，64 年 12 月，
台北。）

己私係之，未失位也，而曰「厲」，以動為疾，久則極憊，困篤不可
救已。〔二七九〕

以陽居陰位或以陰居陽位者，失位失正；失位失正者動而之正，如注兌九四
「商兌未寧，介疾有喜」曰：

介者，陽剛介於三五之間也，從五正也，從三不正也。陰陽失位為
疾，九四陽失位，六三陰失位，九四以君子疾小人，六三以小人疾
君子，九四宜有憂矣。而有喜，九五陽得位為喜，四疾六三，不與
之交，動而正，上從於五，則君臣相說而有喜矣。〔四六七〕

又注鼎九二「鼎有實，我仇有疾，不我能即，吉」曰：

九二九四匹敵也，九二據初，九四比五，二四夫其應，故相與為仇。
四近君與我為仇，二之五可不慎所之乎？二動成艮，艮止也，欲動
而止，慎之象。九居四，陽失位，仇有疾也；我仇有疾，不能之初，
則不能即我。二之五，鼎得實而言，不喪其實，終无尤也，四兌為
口，尤之者也，二往兌毀，故終无尤也。〔四○五〕

以上皆據得位得正，失位失正，以明進退也。然得位失位仍須受限於外
在情勢，朱震更強調，失位失正則非不可為也，若未失中則未盡滅也。其注
〈豫六五〉「貞疾，恆不死」曰：

四以剛動為豫之主，眾之所歸，權之所主也。五以柔弱沉冥於逸豫，
而乘其上，豈能制四哉？六五受制於四而不可動，亦不復安豫矣。
故此爻獨不言豫。不可動則於正為有害，故曰「貞疾」。……五不可
動，以失正也，故六四為腹心之疾。然主祭祀，守位號而猶存者，
正雖亡而中未亡也，中者人心也，中盡亡則滅矣。故曰「貞疾，恆
不死」。言貞雖有疾，其中固在，能動以正則可久矣，恆未常死也。
〔一五八～一五九〕

此朱震將易象上的得正失正歸本於人心之中，則動爻之說在朱震易學思想中，
只被看作是通於吉凶的方法，其根本仍歸本於義理，其注〈繫辭〉「吉凶者，
貞勝也」曰：

剛柔相錯，有當有否則吉凶生，又曰「吉凶者，貞勝也」，何謂也？
此於動中明乎不動者也。韓康伯謂「不累乎吉凶是已」，張載曰「有
義命吉當凶當否當亨者，聖人不使避凶趨吉，一以貞勝而不顧」。如
「大人否，亨」（否卦六二）；「有隕自天」（姤卦九五）；「遇涉滅頂，

凶，無咎」（大上六）；「損益龜不克違」（損六五、益六二）；及「其
命亂也」（泰卦上六象）之類。……天下之動，吉凶之變多矣，而君
子安其義命，一以貞勝，吉凶不能動，何累之有？故曰「天下之動，
貞夫一也」。一者貞也，貞所以一天下之動，此象辭爻辭所以貴乎貞
也。吉凶以貞勝，故能立天下之本，趣天下之時。〔五六五〕

此段是言，天下之變，吉凶多矣，雖有術可通之，然亦有吉凶不可累者。雖有
否塞不通，滅頂之凶，然事為義之所當為，占筮之吉凶，亦不能奪之，此所謂
「天下之動，貞乎一」。

　　綜言之，朱震言卦變、動爻欲指點出在時間與空間的交錯之下會有各種不
同的情境產生，面臨這些大小不同的情境，則應有相對的進退出處之道以應對
之，而應時處事之原則，並不以趨吉避凶為要務，若是，則豈不忙於應付，而
有寧日哉？故雖言卦爻變動以應無窮，然心秉於中而安固守正於義之所當為則
一而已矣。此即朱震所謂「變者以不變者為體，不變者以變者為其用」〔一〕，
卦變動爻之術，是變者，是用也；而貞固守義，則為不變者，是其體也。

三、互體

　　朱震《周易集傳序》曰：「一卦含四卦，四卦之中復有變動，上下相揉，
百物成象，……此見於互體也。」互體之名，始見於京房，朱震釋〈繫辭〉「非
中爻不備」，曰：「中爻，崔憬所謂『二三四五』，京房所謂『互體是也』。」京
房言互體，有兩種情形：第一，以一卦之二至四爻或三至五爻互成一卦；第
二，以一卦內外體言〔註15〕。朱震所謂「一卦含四卦」。朱震將互體的源頭推
向《左傳》，注〈屯卦初九〉曰：

　　在《春秋傳》見於卜筮，如（莊公二十二年）周太史說觀之否曰：

　　　「坤土也，巽風也，乾天也，風為天於土上，山也。有山之材，而

　　　照之以天光，於是乎居土上。」自三至四有艮互體。〔六三〕

觀卦巽上坤下，變否卦乾上坤下，巽風也，變為乾天，坤土也，否二至四爻互
體成艮（三至四當為二至四之誤），故曰「風為天於土上，山也」。《左傳》此
段，雖不言互體，但卻已用互體解卦，可謂互體之濫觴。朱震認為《易傳》之
中，亦使用互體，如：

〔註15〕見高懷民《兩漢易學史》，頁 163。（中華學術著作獎助委員會，72 年 2 月 3
　　　　版，台北。）

在易〈噬嗑彖〉曰「頤中有物，曰噬嗑」，離震相合，中復有艮。〈明
夷彖〉曰「內文明而外柔順，以蒙大難」，又曰「內難而能正其志」，
坎難也，離坤相合，中復有坎。〔六二〕

噬嗑卦離上震下，似頤卦艮上震下，二至四爻互體為艮，橫互其中，所謂「頤中有物」也。明夷卦坤上離下，二三四爻互體成坎，坤順也，坎險也，所謂「內文明而外柔順，以蒙大難」。

朱震且認為〈繫辭〉所謂「剛柔相摩，八卦相盪」，〈說卦〉所謂「中爻」，即互體之理論根據。朱震認為，乾坤二五兩爻相交，形成坎離二卦，即「剛柔相摩」，又坎卦二三四爻互體成震，三四五爻互體成艮，離卦二三四爻互體成巽，三四五爻互體成兌，即「八卦相盪」也。〔註16〕

互體之說，發端於《左傳》，成名於京房，至虞翻推而廣之，由一卦含四卦，增為一卦含七卦，甚而為一卦含九卦。朱震《易叢說》曰：「王弼譏互體卦變，然注睽六三曰：『雖受困，終獲剛助』，睽自初至五成果，此用互體也。」按：朱震認為，王弼說『始雖受困』，乃初至三成兌，三至五互體成離，離上兌下則成果，固以為王弼亦言互體。此說太過牽強，受困之困，非必指困卦也。又曰：「皇甫謐謂：『互體不可取』，而論明夷曰：『明久傷則坎體復，而師象立矣，得非武王以之乎』。不知明夷九三互有坎體，師象已見，乃成南狩。」按：朱震認為，明夷卦坤上離下，四至上為坤，二至四互體成坎，坤上坎下則為師卦，皇氏不取互體，但卻闇用之。又曰：「臨川解睽六五『噬膚』，曰『膚六三之象，以柔為物之間，可噬而合』，此卦自二至上有噬嗑象，此互體也。」按：以上三條，朱震舉王弼、皇甫謐、王安石三人，雖詆互體，但卻以之注經，以證互體之不可非。

關於互體的內容，〈豫彖〉注曰：

或問互體之變有幾？曰：「體有六變」。……且以豫卦九四論之，自
四以上震也，四以下艮也，合上下視之坎也，震有伏巽，艮有伏兌，
坎有伏離，六體也，變而化之則無窮矣。〔一五四〕

朱震認為，四至上為震，二至四為艮，三至五即「合上下視之」，為坎，又合其

〔註16〕朱震《易義說》曰：「《易》曰：『剛柔相摩，八卦相盪』，先儒謂：陰陽之氣
旋旋轉摩薄，乾以二五摩坤，成震坎艮；坤以二五摩乾，成巽離兌，故剛柔
相摩，則乾坤成坎離，所謂卦變也。八卦相盪，則坎離中互有震艮巽兌之象，
所謂互體也。」

伏卦，巽、兌、離，共為六體。如此一來，不僅包含了漢易之上下兩體，中爻之說，甚至及於伏卦，內容更為廣闊。其目的無非藉由廣泛的取象以解釋卦爻辭與象之間的關係。高懷民先生《兩漢易學史》說：「互體的發明，無非在表是易卦顯象之中更有隱象潛在，告訴人，易卦象不是一望而盡其內涵的一個膚淺的象，而卦象有其立體的重疊，透過其立體性會發現象中更有象。」〔註17〕

要言之，京房、虞翻、乃至朱震之建立推廣互體之說，是否有此意思，吾人難以推測，但站在易道變化的思想上，是允許我們如此解釋的。只是，若亦限於注經的窠臼中，則又不免與人附會之議了。

四、五行

五行與易之間有何關係？首先，看看五行觀念的產生，及其演變情形。徐復觀〈陰陽五行及其有關文獻的研究〉一文，有十分詳盡之論証，茲節述其大要於次：

> 一般所說的五行，是構成萬物的五種基本原素。但對五行觀念的運用，卻主要放在這五種元素的相互關係，即所謂相生相勝的相互關係上面，以說明政治、社會、人生、自然各方面現象的變化。
>
> 通過《左傳》《國語》，來看春秋時代的五行，指生活中不可缺少的五種資材而言，絕無後來所說的五行意義。而將五行建立新說，引起世人注意者，畢竟始自鄒衍。他始將五行與陰陽之思想相傳合，將這五種實用資材，上昇為五種元素（氣），使其成為陰陽二氣再向下分化的次一級的東西。其「載其機祥度制，推而遠之，至天地未生，窈冥不可考而原也」，大概是把星相方術的各種迷信，組織於陰陽五行觀念之內，使成為有系統的說法。而最大影響，則為五德終始說。
>
> 進一步把陰陽、五行、天文、律曆、風習，及政治的思想，組織一個完整系統的，是《呂氏春秋·十二紀》。而董仲舒之《春秋繁露》，更將陰陽五行視為天地渾元之氣一系列之分化，通過陰陽五行而將天人之關係更具體化，欲以陰陽五行之說，將西漢承繼法家尚刑之政治，轉化為儒家尚德的思想，如此便形成一「宇宙中心論之哲」。〔註18〕

〔註17〕見高懷民《兩漢易學史》，頁165。
〔註18〕見徐復觀《中國人性論史》，頁518～584。（商務印書館，73年4月7版，台北。）至於「宇宙中心論」一詞，則採自勞思光先生《中國哲學史》第二卷，頁25。（三民書局，73年1月增訂初版，台北。）

徐復觀認為《周易》經傳中並無五行思想，而朱震卻認為〈繫辭傳〉曰：「天一、地二、天三、地四、天五、地六、天七、地八、天九、地十」，〈說卦傳〉曰：「巽為木，坎為水，離為火」，此見於五行者。其實〈繫辭傳〉此段是講筮法的，與五行數字以一至五為生數，六至十為成數，並不相同。然〈說卦傳〉中，於「參天兩地而倚數」之語，今知已取乎以五行配數字義。而「帝出乎震」一段，以八卦配八方四時，亦席終始五德之說，及依據五行方時說來修正。〔註19〕可知，〈說卦傳〉確受五行觀念之影響，唯〈說卦傳〉今已知為西漢之易說，當是五行學說流行以後，被用以說易，與易原無關係。然而八卦與五行本皆為分類自然萬物之系統，故因應時代學術之變遷流行，將五行加入八卦之中，以說明類與類之間的相互關係，若從古代準科學之角度來看，亦可說是一種進步。唯若將這物質性的分類相互關係，用以說明政權之移轉，這無非是另一形式之君權神授；用以說明價值之善惡根源，則是先秦逐漸以人心為善惡根源的思想之墮落。

朱震對五行的運用原則，見其《叢說》曰：「八卦兼用五行，乃盡其象」〔八五一〕，此是將八卦與五行兩分類系統相合，以解釋卦象與卦辭間之關係。更詳細之發揮，則見其〈繫辭〉注曰：

> 五方之物，各以其類聚，同氣也；五物之類，各以其群分，異情也。
> 氣同則合，情異則離，吉凶生矣。〔五一四～五一五〕

> 乾、兌金也，震、巽木也，坎水，離火也，坤、艮土也。乾、震、
> 艮、坎陽也，坤、巽、離、兌陰也，陰陽之精，五行之氣，氣聚而
> 為精，精聚而為物，得乾為首，得坤為腹，得震為足，得巽為股，
> 得坎為耳，得離為目，得艮為鼻，得兌為口，及其散也，五行陰陽，
> 各還其本。〔五二三〕

朱震顯然受兩漢五行觀念之影響，將五行視為構成萬物的五種基本元素（氣），並結合陰陽之說，用以說明物與物之間的變化聯繫，屬於宇宙生成方面作有關之論述，並未將五行觀念用於倫理價值思想的討論。觀其解〈損卦六三〉爻辭「三人行則損一人，一人行則得其友」曰：

> 損自泰變。三陽並進，三人行也；九三一爻，損而上之，三人行則
> 損一人也。九三上行，則上六下居三，剛柔偶合，一人得其友也。

〔註19〕屈萬里《先秦漢魏易例述評》，頁 56～60；李漢三《先秦兩漢之陰陽五行學說》，頁 250～251；高懷民《兩漢易學史》，頁 71～78，皆有詳盡論證。

> 三爻即上爻，故謂之友。《太玄》曰：「二與七共明，三與八成友」，
> 二、七均火也，三、八均水也，猶即上也。萬物之理，無有獨立而
> 無友者，有一則有兩得配也，兩則變，一則化，是謂天地生生之本，
> 非致一，其能生乎！〔三三三〕

揚雄《太玄·玄圖》曰：「一與六共宗，二與七共朋，三與八成友，四與九同道，五與五相守」，《太玄·玄數》曰：「三八為木，四九為金，二七為火，一六為水，五五為土。」朱震依五行生數成數，及三上同位，釋其爻辭。並採程頤、張載之說，「言致乎一，乃生生之本」〔註20〕，此又將解象所得，歸本於義理之闡發，此乃朱震易學之特色。

五、納甲

所謂納甲，不過是將八卦配合上十天干，舉甲為首以得名，是兩種符號系統之組合。創始於西漢京房，初為比附五行，以便占說災異。至魏伯陽（約西元140～190前後）則用以比附月魄之盈縮，而成其鼎爐修煉之說。而用以說易者，則使自虞翻。

朱震秉其一貫溯源的態度，為納甲說尋找歷史源頭，他認為：

> 在《易》之蠱曰：「先甲三日，後甲三日」，在巽曰：「先庚三日，後
> 庚三日」，在離曰：「己日乃孚」，在《繫辭》曰：「懸象莫大於日月」，
> 此見於納甲者也。〔三〕

以干支記日之法，早見甲文，故所舉經文，只能視為記日，與納甲之說，可不相干。至於將《繫辭》「懸象莫大於日月」，說成納甲之根據，更是無稽，可能是受魏伯陽月體納甲之說說的影響罷。其釋〈蠱卦彖〉曰：「先甲三日，後甲三日，終則有始，天行也」曰：

> 天道之行，終則有始，無非事者，聖人於蠱、巽二卦明之。蠱東方
> 卦也，巽西方卦卦也，甲者事之始，庚者事之終，始則有終，終則
> 更始，往來不窮。以日言之，春分旦初於甲，秋分暮入於庚；以月
> 言之，三日成震，震納庚，十五成乾，乾納甲，三十日成坤，滅藏
> 於癸，復為震。甲庚者，天地之終始也。

〔註20〕程頤《易傳》損六三曰：「蓋天下無不二者，一與二相對，生生之本也。」張載《正蒙·參兩》曰：「一物兩體，氣也；一故神，兩故化，此天之所以參也。」程氏言相對之理，張氏言變化之道，朱震兼而採之，言致乎一，乃天下之大本。

蠱事之壞也，巽行事也，變更之始，當慮其終；事久而蠱，當圖其
始。先甲三日，圖其始也。蠱一變大畜，乾納甲；再變賁，離為日，
乾三爻在先，先甲三日也。三變頤，四變噬嗑，離為日；五變無妄，
乾納甲，乾三爻在後，後甲三日也。

先甲者，先其事而究其所以然；後甲者，後其事而慮其將然。究其
所以然，則知救之之道；慮其將然，則知備之之方。一日、二日、
至於三日，慮之深，推之遠，故能革前弊，彌後患，久而可行，圖
始者至矣。〔一六九〕

　　朱震此注，首以卦氣說，及魏伯陽月體納甲之說，認為甲庚乃代表天地
終始之義。次以卦變，言「先甲三日，乾三爻在前；後甲三日，乾三爻在後」，
皆取象言易。值得注意者，朱震真正要表示的是，「甲者事之始，庚者事之終」，
「先甲者，先其事而究其所以然；後甲者，後其事而慮其將然」，這是一慎始
慮患之態度，與言漢易者，究災異，明卦象，必歸本於人事之精神並無不同。
漢易者，或言象多而事少，或象少而事多，至王弼則有掃象之義，實則只是
論象與否之別。試較鄭玄（西元127～200）、王弼之注，鄭氏云：「甲者，宣
令之日。先之三日而用辛也，欲取改新之義。後之三日而用丁也，取其丁寧
之義。」雖不廢象數，全用人事也。而王弼注易，遽云：「甲者，創制之令也。
創造不可責之以舊，故先此宣令之前三日，殷勤而語之；又宣令之後三日，
更丁寧而昭之。其人不從，乃加刑罰也」兩者唯有詳略之別，其根本無異。又
王弼不願言數，去辛丁之名，直言革新丁寧之義；甲者，宣令之日，改為創制
之令，亦非其實也。〔註21〕無怪乎朱震要推原馬融（西元79～126）、鄭玄、
荀爽、虞翻，以為王弼、鍾會盡去舊說，雜以老莊，於是儒者專尚文辭，不復
推原大傳，至天人之道分矣。〔註22〕

〔註21〕王船山《周易稗疏》卷一，「先甲後甲」條下曰：「王氏言創制，近之矣，而
　　　　以漢令甲令乙證之，則亦非也。令甲令乙者，令之卷帙次序之始也。甲者卷
　　　　之首耳，何有於創制之義，漢人以縑紙代竹簡，故有此名，非可引以證文王
　　　　之經文，且抑何以通之。」（廣文書局，70年2月3版，台北。）
〔註22〕見朱震《進周易表》。

第三章 《漢上易傳》之易數學

第一節 數之形上依據

　　提到數，就令人聯想到西方的畢達哥拉斯學派，馮友蘭就說：「中國之象數之學，與希臘哲學中畢達哥拉派之學說頗多相同處。」〔註1〕徐復觀經過一番考察，卻指出兩者，不僅在背景上有明顯不同，就數自身來說，亦有五點不同〔註2〕，茲錄其第一點：

> 畢氏們以數為萬物的本質，將數的要素安放在質料的種類之中。因為他們認為數是內存的東西，存在是由數所成立，所形成的。中國對於數與萬物的關係，是由《左傳》魯僖公十五年晉韓簡所說的「物生而後有象，象而後有滋，滋而後有數」的觀念所代表。這很明顯地認定物先數後，物非由數所生。到了董仲舒以下逮揚雄們，只進一步認為天地及萬物會表現而為數，故通過數可以把握天道及萬物的活動。但天地的本質，在他們看來是陰陽五行之氣，是由氣所形成的。因此數只是外部的呈現，是氣運行的秩序，並不是內存的。

所言甚碻。這是兩方根源上的差異，依此，我們理解到數是客觀的存在，是把握天道及萬物活動之理則、形式。但何以淪落為術？邵堯夫〈觀物外篇〉說：「象起於數，數起於質，名起於言，意起於用。天下之數出於理，達乎

〔註1〕見馮友蘭《中國哲學史》，頁551。
〔註2〕見徐復觀《兩漢思想史》卷二，頁498～499。（學生書局，65年6月初版，台北。）

理則入于術,世人以數入于術,故失於理也。天下之事,皆以道致之,則休戚不能至矣。」〔註3〕又說:「物理之學,或有所不通,不可以強通,強通則有我,有我則失理而入於術矣。」〔註4〕邵子之意,以合乎客觀之理者是數,違乎理而加入主觀色彩的則是術。中國數的源起,與揲蓍占筮有關,班固〈漢書藝文志〉更將天文、曆譜、五行、蓍龜、雜占、形法六種,合稱為「數術家」〔註5〕。實則「數」是表示萬象變化之秩序,是客觀存在的,朱震就說:

> 易含萬象,策數乃數之一,又有爻數、卦數、五行、十日、十二辰、
> 五聲、十二律、納甲之數,不可一端。〔五四四〕

易以象為本,易象萬端,則客觀表示易象的易數亦有萬端,策數不過數之一。數既萬端,求數之「術」便容有各家之別,故當曰數術不必合於《易》,然為易道所蘊。與易有關之數是經由揲蓍衍卦而產生的,朱震解《說卦傳》「幽贊於神明而生蓍」,曰:

> 聖人贊天地以立人道,於是生蓍之法以起數。其用起於一,及其究
> 也,上下與天地同流而無跡,故曰幽贊。《太玄》曰:「昆侖天地而
> 產蓍」。一者何也,氣之始也。〔六〇三〕

朱震認為聖人為了參贊天地之化,便生揲蓍之法,所以有數產生。接著,朱震引揚雄《太玄・太玄數》的話,認為揲蓍之數,起於天地之氣化流行,是自然而生,即有氣而後有數。而象亦由氣化之流行而生,氣之始生是萬象生成之根源,而數則是用以客觀的表示這生成變化過程的秩序與理則。故朱震談數,便是由宇宙生成論的角度去解釋大衍之數的由來,企圖建構一套由太極之數,而參兩之數,而六七八九之數,而大衍之數,而天地之數,並將五行生數、成數,天干之數,八卦,河圖,洛書之數,均統攝在內之一完整有機的體系。這是《漢上易》易數學的一大特色。

第二節　易數所開展的宇宙秩序

一、天地之數

朱震解〈繫辭傳〉大衍章,論「天地之數」曰:

〔註3〕見《宋元腼案》卷三〈百源學案上〉,頁112。
〔註4〕見《宋元腼案》卷三〈百源學案上〉,頁114。
〔註5〕見《漢書・藝文志》,頁1763〜1775。

一三五七九奇也，故天數五；二四六八十偶也，故地數十（按：當
作五）。九者河圖數也，十者洛書數也。五位相得者，一五為六，故
一與六相得；二五為七，故二與七相得；三五為八，故三與八相得；
四五為九，故四與九相得；五五為十，故五與五相得。然各有合，
故一與二合，丁壬也；三與五合，甲己也；五與六合，戊癸也；七
與四合，丙辛也；九與八合，乙庚也；五即十也。天地五十有五，
大概如此。故曰月天地之數五十有五，五十則在其中矣。〔五三八～
五三九〕

朱震認為天地之數的一二三四五六七八九十即河圖之數九與洛書之數十，這
是本於劉牧《易數鉤隱圖》的說法，與後來朱子《易學啟蒙》圖十書九之說法
不同。朱震以五位相得為洛書之數十，《叢說》引揚雄《太玄》〔註6〕，曰：

「三八為木，四九為金，二七為火，一六為水，五五為土」，五五者
十也，洛書之數也。〔八五六〕

朱震將天地之數與洛書之數相合的同時，也將五行之數并入。又另將河圖之
數與天干十日之數相合，《叢說》曾引虞翻八卦納甲十日之配法，曰：

十日之數，甲一、乙二、丙三、丁四、戊五、己六、庚七、辛八、
壬九、癸十，故乾納甲壬配一九，坤納乙癸配二十，震納庚配七，
巽納辛配八，坎納戊配五，離納己配六，艮納丙配三，兌納丁配四。
〔八五五〕

顯然朱震不取虞氏納甲之說，他的配法是：「一與二合為丁壬；三與五合為甲
己；五與六合為戊癸；七與四合為丙辛；九與八合為乙庚也」，按此配法則河
圖之北一配丁，西南二配壬，東三配甲，東南四配辛，中五配己戊，西北六配
癸，西七配丙，東北八配庚，南九配乙。朱震以五十有五為天地之極數，其解
〈繫辭〉曰：「萬物在天地之間，不離乎五十有五之數」，又言「十即五也，十
盈數，不可衍也」，〔五三七〕故言天地五十有五之數，而五十之數亦在其中
矣。

這裡朱震將天數五、地數五，「五位相得」則為洛書，並配以五行之數；
「而各有合」則為河圖，並配以納甲十日之數。且說天地五十有五之數具，
則五十之數在其中，理由安在？關鍵在於當中的小衍之數五。

〔註6〕見《太玄・太玄數》，頁293～299。（北京師範大學，1982年2月1版，台
北。）

－35－

二、大衍之數

朱震《叢說》曰：

「京房云：『五十者，謂十日、十二辰、二十八宿也，凡五十。其一不用者，天之生氣，將欲以虛來實，故用四十九焉。』此言五十數之見於天者，其成象如此。謂其一不用，為天之生氣，則非也。」

「馬融云：『易有太極，謂北辰也；太極生兩儀，兩儀生日月，日月生四時，四時生五行，五行生十二月，十二月生二十四氣，北辰居位不動，其餘四十九，運轉而用也。』季長之論不若京房。蓋兩儀乃天地之象，而北辰不能生天地也。故邵雍曰：『萬物皆有太極兩儀四象之象』。」「荀爽曰：『卦各有六爻，六八四十八，加乾坤二用，凡五十。初九潛龍勿用，故用四十九也。』乾用九，坤用六，皆在八卦爻數之內；潛龍勿用，如勿用娶女之類。」「鄭康成云：『天地之數以五行氣通，凡五行減五，大衍又減一，故用四十有九。』康成所謂五行氣通者，蓋謂十日、十二律、二十八宿，三者五行之氣通焉，為五十五，減五行之數為五十，大衍又減一為四十九，其說本於《乾鑿度》與京房為一說。而五行氣通，其說尤善，但後學一例抵之，不詳觀耳。」「董遇云『天地之數五十有五者，其六以象六畫之數，故減而用四十九。』非也。董謂五十有五減卦之六畫為四十九，不知五十有五天地之極數，大衍之數五十，其一太極不動，而四十九運而為八卦，重而為六十四，若去六畫，即說不通。」「顧懽云：『立此五十數以數神，神雖非數，因數以顯，故虛其一數以明其不可言之義。』所謂『神雖非數，因數以顯』，是也。然其說大而無當，不及韓說。劉氏謂韓注虛一為太極，未詳其所出之宗，而顧之未詳，又可知矣。」「劉（牧）謂『天一居尊不動』，則與馬季長言『北辰不動』，何異？若謂不動，則筮者當置一策以象天一不動，不當言其用四十有九也。動靜一源，顯微無間，知四十有九為一之用，即知一為四十有九之體矣」〔八五六～八五九〕

朱震論大衍之數五十，駁斥前代各家之說，包括劉牧的「減五」說，京房的「天文」說，馬融的「天文四時五行節候」說，荀爽的「八卦衍數四十八加乾坤二用」說，鄭康成的「五行通氣減五」說，董遇的「天地五十五之數減卦之六畫」說，惟贊成顧懽的「五十數以數神，神雖非數，因數以顯」

之說。而江弘毅先生《宋易大衍學研究》則認為，朱震大衍之數五十是繼承劉歆班固「五乘十五十之說」而來。又引用宋丁易東《大衍索隱》引呂大圭的話，證明朱震、蔡淵、呂大圭皆主五乘十而五十之說〔註7〕。江君此說實未詳考矣。

朱震雖同意顧懽之說，但卻又以為其說「大而無當，不及韓說」。而朱震評韓康伯大衍義時，對韓氏言「衍天地之數所賴者五十，其用四十有九，則其一不用也，不用而用以之通，非數而數以之成，斯易之太極也」，朱震贊成此說。所反對者是，「夫无不可以無明，必因於有，固常於有物之極，必明其所由宗」此段。朱震所反對者其實是王弼、韓康伯以「无」說太極，朱震認為太極是「有」，這決定了他對大衍義的看法。從朱震贊成顧懽、韓康伯對大衍數的說法，我們只能說朱震承認大衍之數是用於揲蓍演筮的，此數故出於自然，但必推明此自然背後之理，不能如顧懽一句「不可言之義」而作罷。

朱震主張大衍之數五十，是由「小衍」之數五而來，他說：

> 小衍之五，參兩也。大衍之五十，則小衍在其中矣。〔五三七〕

小衍之五，合參兩也，朱震認為「參兩」之數是盡易道變化之根本。他說：

> 變化之道，盡於參兩之神。知其道，則知神之所為，辭也、變也、象也、占也，四者易之變化，本於參兩者也。參天、兩地也，錯綜而生變化，其妙至於不可知，然亦不越乎四者。〔五四七〕

而這小衍之數五，實源自劉牧以「天五」居中，為中和之氣，主乎變化。劉牧曰：

> 天一地二天三地四，此四象生數也。至於天五則居中，而主乎變化，不知何物也，強名曰中和之氣。不知所以然而然也，交接乎天地之氣，成就乎五行之質，彌綸錯綜，無所不周，三才之道既備，退藏於密，寂然無事，茲所謂陰陽不測之謂神也。〔註8〕

其後之邵雍、程頤亦皆以五為小衍之數〔註9〕，然未言其所以。張載對「叁天

〔註7〕見江弘毅《宋易大衍學研究》，頁23～24。（79年台大中文研究所博士論文）
〔註8〕見劉牧《易數鈎隱圖》，頁120～3。（《通志堂經解》本，大通書局，58年10月，台北。）
〔註9〕邵雍《皇極經世‧觀物外篇》卷二，邵子曰：「易之大衍，何數也？聖人之倚數也。天數二十五；地數三十，合之為六十，故曰『五位相得，而各有合也。』五十者蓍之數也，六十者卦之數也；五者蓍之小衍也，故五十為大衍；八者卦之小成，則六十四為大成也。」
程頤曰：「有理則有氣，有氣則有數。行鬼神者，數也。數，氣之用也。『大

兩地」則作了解釋〔註10〕，朱震則引之為小衍之數的內容，他說：

> 叄天者，一太極兩儀也；兩地者，分陰陽剛柔也。叄天兩地，五也，
> 五小衍也，天地五十有五之數具，而河圖、洛書、大衍之數，實倚其
> 中。一與五為六，二與五為七，三與五為八，四與五為九，九與一為
> 十，五十者河圖之數也，五十有五者洛書之數也，五十有五即五十數，
> 五十即大衍四十有九數。倚，言數立於其中而未動也。〔六〇四〕

兩和叄有別，兩是指陰陽兩種待的兩種作用；叄則是包含對待的統一，叄者
太極、陰、陽。叄天是象成而未形，但其對待之性已然內在而未分，故以一
太極兩儀象之，此天所以叄也；兩地者，地法天地之性而具體成形，分陰陽
剛柔，所以稱兩。而太極者，一物包兩體，故總之為一，分而為叄，叄又包
兩。叄天兩地為天地大衍之根本，合叄天兩地則為五。朱震採諸家之說所採
合而成的小衍之數，不再只有形式意義，更具備了形上意義，叄天是性，兩
地是質，合而言之，這小衍之數五則具備產生一切萬物的條件，為變化之根
源，其實就其整體言之，便是太極；就數而言，合則為一，通則言五。朱震又
曰：

> 大衍之數五十，而策數六七八九何也？曰六者一五也，七者二五也，
> 八者三五也，九者四五也，舉六七八九則一二三四五具。所謂五與
> 十未始離也，五與十，中也，中不可離也，考之於曆，四時迭王，
> 而土王四季，凡七十又五日，與金木水火等。此河圖十五隱於一九
> 三七二四六八之意。劉牧曰：「天五居中，主乎變化，三才既備，退
> 藏於密是也。」故六七八九而五十之數具，五十之數而天地五十有
> 五之數具。〔五三九～五四〇〕

衍之數五十』，數始於一，備於五，小衍之而成十，大衍之而成五十。五十，
數之成者也，成則不動，故損一以為用。」（《二程集・河南程氏經說》卷一，
頁 1030。）

〔註10〕見《張載集》，張載曰：「地所以兩，分剛柔男女而效之，法也；天所以叄，
一太極兩儀而象之，性也。一物兩體者，氣也。一故神（自注：兩在故不測），
兩故化（推行於一），此天之所也。兩不立則一不可見，一不可見則兩之用息。
兩體者，虛實也，動靜也，聚散也，清濁也，其究一而已。有兩則有一，是
太極也。若一則〔有兩〕，有兩亦〔一〕在，無兩亦一在。然無兩用一？不以
太極，空虛而已，非天叄也。（頁 233～234）
「一物而兩體，其太極之謂歟」！（頁 235）
「極，是為天三。數雖三，其實一也，象成而未形也。」「叄天兩地，此但天
地之質也，其數為五。」（頁 195）

朱震認為大衍之數五十中的策數六七八九，即小衍之數五，分別加以一二三四，則為六七八九，共四十五此即河圖四十有五之數。又五即十也，所謂「五與十，中也」，則如同五行之土隱於四季之中，總管四季〔註11〕。如此，則河圖九宮四十有五之數，即洛書五行五十有五之數，亦是大衍之數五十，而天地五十有五之數則具矣。

　　故若問朱震大衍之數由何而得？在形式上而言，則接近江氏所謂揚雄的「五五相守」之說〔註12〕。其實朱震應是承認這天地之數五十有五，大衍之數五十，皆得之於自然，用以顯示自然生成之理。且朱震更賦予其形上的宇宙論意義，其源本於太極之數一，衍而為小之數五，再衍為大衍之數五十。

三、四象之數

　　《叢說》曰：

　　　　七八九六乃少陰、少陽、老陰、老陽之位，生八卦之四象也。天一、
　　　　地二、天三、地四，兼天五之變化，上下交易，四象備其成數，而
　　　　後能生八卦。于是坎離震兌居四象正位，各以其本位數存三，以生
　　　　餘數，則分乾坤艮巽之卦，四象既列，五居四位，此河圖五十有五
　　　　（按：當作四十有五）居四位之數。〔八五三〕

朱震認為「四象生八卦」之四象，當指少陰、少陽、老陰、老陽，而非孔穎達所謂的金、木、水、火。朱震認為，金、木、水、火，為有形之物，象是未著成形者，故金、木、水、火，不得為四象。〔註13〕在河圖言四象之數，天一、地二、天三、地四與與中數之五上下交易得四象六七八九之數，配之以八卦，

〔註11〕所謂「土王四季說」，《白虎通》卷二〈五行〉曰：「水王所以七十二日何？土王四季各十八日，合九十日為一時，王九十日。土所以王四季何？木非土不生，火非土不樂，金非土不成，水非土不高。土扶微助衰，歷成其道，故五行更王，亦須土也。」按王四季各十八日，和為七十二日，與金木水火等，朱震作「七十五日」，殆訛誤也。（見《增訂漢魏叢書》第一冊，頁667，大化書局，72年12月初版，台北。）

〔註12〕見江弘毅《宋易大衍學研究》，頁34。

〔註13〕《叢說》曰：「兩儀生四象。孔氏謂：金木水火稟天地而有，土則分王四季。且金木水火有形之物，安得為象哉？孔氏失之遠矣。」「莊氏之實象、假象、義象、用象，於釋卦中破之。」「何氏謂神物、變化、垂象、圖書，此易外別有。」按：朱震以象為未形者，故不以已形成金木水火為四象，但金木水火之性已具於四象，但未形爾。至於莊氏四象之說，乃依象之性質用途而分，非筮法之四象。而何氏所謂四象，是制象之憑藉，非兩儀所生四象，故曰「此易外別有」。

則坎一居北，坤二居西南，震三居東，巽四居東南，乾六居西北，兌七居西，艮八東北，離九居南。而所謂「坎離震兌居四象正位，各以其本位數存三，以生餘數，則分乾坤艮巽之卦」，則據劉牧「四象生八卦」之說而來。〔註14〕而《叢說》又說：

> 水一火二木三金四土五，五行之生數也，水六火七木八金九土十，五行之成數也。一三五七九奇數二十五，二四六八十偶數三十，奇偶之數五十有五，此五行分天地五十有五之數也。《太玄》：三八為木，四九為金，二七為火，一六為水，五五為土，五五者十也，洛書之數也。〔八五五～八五六〕

這是以洛書言五行，而洛書五行生數具於成數之中，洛書五行成數恰與河圖四象之數相同，其差別在於，河圖但言四象生八卦，而未成形；洛書則言水火木金土五行，是形已著。這當中的關鍵為小衍之數五的顯隱，小衍之數五隱於河圖之中，有作用但未著形，故其數為四十五；小衍之數在洛書之中則著而成形，多土數十，故洛書之數五十有五。〔註15〕換言之，河圖洛書其實質內容是相同的，不過是物由隱而顯，由象著形的過程。

　　故朱震言天地之數五十有五是天地之極數，就其整體而論則是太極，一也。一中含兩，叄天兩地，通其數則五，是小衍之數，此過程即太極生兩儀也。天一地二天三地四與天五之數上下交易，成六七八九之數，配之以卦則坎離震兌居四正位，分則為乾坤艮巽居四隅，此兩儀生四象，四象生八卦也，其圖為河圖，其數四十五。四象著形則為五行，其圖為洛書，其數五十有五。簡而言之，則是一由太極自身開展而成，而兩儀、四象、八卦、五行，萬物由隱而顯，由象而成形的一生成變化過程。由此而引出朱震的太極說。

〔註14〕見劉牧《易數鈎隱圖遺論九事》，頁120之30。劉氏曰：「原夫八卦之宗，起於四象。四象者，五行之成數也，水數六除三畫為坎，餘三畫布於亥上成乾；金數九除三畫為兌，餘六畫布於申上成坤；火數七除三畫為離，餘四畫布於巳上成巽；木數八除三畫為震，餘五畫布於寅上成艮；所謂四象生八卦也。

〔註15〕劉牧曰：「夫河圖之數惟四十有五，蓋不顯土數也。不顯土數者，以河圖陳八卦之象，若其土數則入乎形數矣，是兼其用而不顯成數也。洛書則五十五數，所以成變化而著形器者也。故河圖陳四象而不言五行，洛書演五行而不述四象。然則四象亦金木水火之成數也，在河圖則老陽老陰少陽少陰之數是也，在洛書則金木水火之數也，所以異者，由四象附土數則成質，故四象異於五行矣，然皆從天五而變化也」《易數鈎隱圖》，頁120之20。按：朱震圖洛書之說蓋本乎此，惟不詳爾。

四、太極之數

　　朱震的太極說在易數領域中，是最能顯示朱震易學思想特色的部分。太極不是數，但可以數表示之。就數而言，太極是天地之數的總合，朱震曰：

> 合五十有五之數歸於太極，寂然無聲，其一不動，萬物冥會乎其中。有物感之，散為六七八九之變，而天下之所以然者無乎不通，所謂遠近幽深，遂知來物，乃其一也。〔五四九〕

太極為萬物生化之根源，故天地之數合歸於此，當其未動，寂然無聲，非無物也，萬物冥會其中而未形。當其感而發之，散為六七八九之四象，而後推衍為天地萬物，無論其幽深遠近，皆根於此一，太極也。太極是天地之數的全體，天地五十有五之數即大衍五十之數，故太極亦為大衍之數之整體。朱震曰：

> 小衍之五，參兩也，大衍之五十，則小衍在其中矣。一者，體也，太極不動之數；四十九者，用也，兩儀四象分太極之數。總之則一，散之則四十有九，非四十有九之外復有一，而其一不可用也。方其一也，兩儀四象未始不具，及其散也，太極未始或亡，體用不相離也。四十有九者七也，是故爻用六，蓍用七，卦用八，玄用九，十即五也，十盈數，不可衍也。挂一於手指以象三者，一太極兩儀也。揲之以四以象四時者，陰陽寒暑即四象也。〔五三七～五三八〕

朱伯崑先生對此段曾有詳細的解釋〔註16〕。朱震對「大衍之數五十，其用四

〔註16〕朱伯崑先生說：「此是以不用之一為體，以四十九為用，以體用範疇說明一和四十九的關係。朱氏認為此不用之一即是太極，乃不動之數，所以為體。四十九參與揲蓍過程，因其變化引出策數七八九六，所以為用。但此太極之一，非單一之數，而是指四十九之總合，此即『總之則一』，『非四十有九之外復有一，而其一不可用。』此極之一，散開即是四十有九。其未散開時，涵蘊著兩儀、四象；其散開後，兩儀、象又分有太極之數，太極并不因此而喪失。此即體中有用，用中有體，『體用不相』。此四十九根蓍草之數分為左右兩堆，以象兩，即分為陰陽剛柔，以象兩儀。挂以象三，即象天三，如張載說的一太極兩儀。揲之以四以象四時，即象春夏秋冬四。此四十九根蓍草之數，由七推衍而來，即七七四十九，所以說『蓍用七』。一卦策數，由六爻之策數推衍而成，如乾之策三十六，可衍為二百一十六，所以說『爻六』。卦分為八，其變為六十四，所以說『卦用八』。《太玄》八十一首，由九推而成，所以說『玄用九』。十乃數之極，不能再推衍。這些說法，是用來表明所謂用」，乃基數自身邏輯地展開，兩儀、四象、八卦和六十四卦以及三百八十四爻，萬一千五百二十策，乃四十九之數邏輯地開展。（見《易學哲學史》中冊，頁362～363。）

十九」的解釋與諸家不同。他不說「其不用者一」，而說「其一不可用」。「其不用者一」，此「一」是五十減四十九而得；而「其一不可用」之「一」非數也，是「整體」之義。因此朱震的演蓍法便有不同於他家之處，以朱熹〈筮儀〉為例，就有兩點不同：（1）朱熹揲蓍的第一步驟是，「五十莖⋯⋯以右手取其一策，反於櫝」〔註17〕，後人多解釋為一是太極不動之數；而朱震並無此步驟，因為朱震認為演蓍時實際只有四十九根蓍草，並非有五十根而減去一根不用。（2）所謂「掛一以象三」，朱熹認為三是天地人三才的意思；朱震則認為是「一太極兩儀」。謂三為三才是根據《繫辭》「易之為書廣大悉備，有天道焉，有人道焉，有地道焉，兼三才而兩之，故六」來解釋。此言易之道確包含天地人三才，但演蓍之法當屬神道，是无思无為的，不應雜有人為。由此看來朱震演蓍成卦的過成，較符合太極是生兩儀，兩儀生四象的自然演進的過程。

　　至於為何用四十九？今由衍蓍之結果來看，只有四十九之數能產生所須的六七八九之數。而古人何以會想到以四十九之數來推衍？朱震只說「四十九者七也」，而其注文將「蓍用七」與「爻用六」、「卦用八」、「玄用九」并言，一卦六爻，八卦小成，太玄一首九贊，是否將七視為一週期數？尤其朱震喜引《太玄》相証，而《太玄》用九推衍八十一首，與曆數有關〔註18〕，而朱震說用七推衍成四十九，是否亦認為與當時之天文曆數有關，令人深思。高

〔註17〕見朱熹《周義本義》，頁 524。廣學社。

〔註18〕鄭萬耕《太玄校釋》前言，敘述《太玄》的世界圖式及其自然科學基礎，曰：「《太玄》圖式把八十一首分配於一年四時之中，用以表示陰陽二氣消長和萬物盛衰的過程。把八十一首分為「九天」，每「天」「用事」四十日半，所謂「羅重九行，行四十日」。這是吸取「卦氣說」而來的。《太玄》的世界圖式和孟京及《易緯》的「卦氣說」一樣，都是用「卦」或「首」來表示一年之中季節的變化，實質上都是一種曆法或月曆。」又說：「《太玄》圖式將八十一首分為七百二十九贊，每兩贊主一晝夜，共三百六十四日半，外加踦、嬴兩贊，滿一歲三百六十五日又一千五百三十九分之三百八十五。正與《三統曆》相合。所以〈太玄圖〉說：『凡三百六十四日又半，踦滿焉，以合歲之日而律曆行。』又說：『故自子至辰，自辰至申，自申至子，冠之以甲，而章、會、統、元與月蝕俱沒，玄之道也。』這恰好說明《太玄》圖式是本於《三統曆》的。而將八十一首分為天玄、地玄、人玄，很可能也是由《三統曆》中「天統」、「地統」、「人統」的說法演化而來。所以本傳敘述《太玄》說：『其用自天元推一畫一夜陰陽數度律曆之紀，九九大運，與天終始。故玄三方、夷州、二十七部、八十一家、二百四十三表、七百二十九贊，分為三卷，曰一二三，與《太初曆》相應，亦有顓頊之曆焉。』」

懷民先生有類此之說〔註19〕，嚴靈峰先生亦有認為「七」是當時的七進位法之說〔註20〕，此皆可供參驗，唯證據尚薄，未敢遽斷。

　　回到朱震所謂「其一不可用」的思想上，他認為此一非居四十九之外；而是四十九之整體為一，一即涵此四十九。一是體，四十九是用〔註21〕，用是體自身的開展，亦可說是一種自生關係；體在用中顯現其妙用，用中即蘊涵有體，所謂『體用不相離』也。此觀念并非朱氏首創，至少程頤《易傳》已有『體用一源，顯微無間』之觀念〔註22〕。不過程頤只用於說理與象之關係，朱氏將其運用於揲蓍衍卦之過程，說明萬物生成之過程，是太極自身之開展，太極之中已具萬物，萬物之中亦備太極，非萬物之上之外另有一太極實體存在。這是朱震易數思想與各家最大不同之處。朱震并以此駁斥京房、馬融、荀爽、鄭玄、董遇、顧懽、劉牧等家，或以太極為天之生氣，或以為北辰不動，天一不動之說〔註23〕。至於王弼、韓康伯之說：「衍天地之數所賴者五十，

〔註19〕見高懷民《先秦易學史》，頁146。高氏曰：「今考古人在天道曆象上最重視的，也是最早在天象上的大發現是日月七星，《舜典》：『在璿璣玉衡，以齊七故。』古人用肉眼察覺天空中有五大行星作規律的運行，加上日月，以此代表天道，故『七』這個數字在古代是與天道密切相關的數字。筮數是神道思想下的產物，神有意志的天的代表，故文王設計筮數中著策之數時，便想到日月七星上。然而，七的數目太少，不敷用，於是便也仿效重卦的方法，用七的倍數，即四十九之數。」（中華學術著作獎助委員會，79年6月3版，台北。）

〔註20〕參見嚴靈峰先生《易學新論》自序，頁2～4。（正中書局，73年11月初版第5次印刷，台北。）

〔註21〕《周易正義》引鄭玄、姚信、董遇之說，皆認為「其用四十九」是本於「天地之數五十有五」，但未明言大衍之數即五十有五而非五十之數。金景芳先生認為：「《周易》筮法開始於天地之數，就是由一至十這十個天地之數的總合。《繫辭傳》講『大衍之數五十』，其實應該是『五十有五』，古書上脫掉『有五』二字，後人不察，竟作出種種解釋。」又說：「筮法用四十九根蓍草而不用五十五根，本來沒什麼奧妙。大衍之數五十有五，是自然數，筮法是人為的。用四十九根蓍草，是因為四十九根經過四營三易的結果能得出七、八、九、六，得出七、八、九、六才能形成卦。不用五十五根蓍草，是因為五十五經迴四營三易的結果不能得出七、八、九、六，得不出七、八、九、六便形成不了卦。」（見《周易全解》，頁485～485～486，吉林大學，1991年2月初版第6次印刷，吉林。）

〔註22〕《易程傳‧易傳序》曰：「君子居則觀其象而玩其辭，動則觀其變而玩其占。得其辭，不達其意者有矣；未有不得於辭而能通其意者也。至微者理也，至著者象也。體用一源，顯微無間。觀會通以行其典禮，則辭無所不備。故善學者，求言必自近。易於近者，非知言者也。予所傳者辭也，由辭以得其意，則在乎人焉。」

〔註23〕《叢說》曰：「京房云：『五十者，謂十日、十二辰、二十八宿也，凡五十。

其用四十有九，則其一不用也，不用而用之以通，非數而數以之成，斯易之太極也。」朱震是之。而又說「夫無不可以無明，必因於有，固常於有物之極，比明其所由宗。」朱震則非之。可見朱震以體用義說大衍論，是有繼承王、韓之說，但又有別。朱震不贊成王、韓以「無」說太極，朱震對王韓大衍義或有誤解〔註24〕，以朱震之意，太極是實有的，只是看不見的無，並非空無的無，朱震說：「太極非無也，而是一氣混淪未判之時，天地之中在焉」。

其一不用者，天之生氣，將欲以虛來實，故用四十九焉。』此言五十數之見於天者，其成象如此。謂其一不用，為天之生氣，則非也。」「馬融云：『易有太極，謂北辰也；太極生兩儀，兩儀生日月，日月生四時，四時生五行，五行生十二月，十二月生二十四氣，北辰居位不動，其餘四十九，運轉而用也。』季長之論不若京房。蓋兩儀乃天地之象，而北辰不能生天地也。故邵雍曰：『萬物皆有太極兩儀四象之象』。」「荀爽曰：『卦各有六爻，六八四十八，加乾坤二用，凡五十。初九潛龍勿用，故用四十九也。』乾用九，坤用六，皆在八卦爻數之內；潛龍勿用，如勿用娶女之類。」「鄭康成云：『天地之數以五行氣通，凡五行減五，大衍又減一，故用四十有九。』康成所謂五行氣通者，蓋謂十日、十二律、二十八宿，三者五行之氣通焉，為五十五，減五行之數為五十，大衍又減一為四十九，其說本於《乾鑿度》與京房為一說。而五行氣通，其說尤善，但後學一例抵之，不詳觀耳。」「董遇云『天地之數五十有五者，其六以象六畫之數，故減而用四十九。』非也。董謂五十有五減卦之六畫為四十九，不知五十有五天地之極數，大衍之數五十，其一太極不動，而四十九運而為八卦，重而為六十四，若去六畫，即說不通。」「顧懽云：『立此五十數以數神，神雖非數，因數以顯，故虛其一數以明其不可言之義。』所謂『神雖非數，因數以顯』，是也。然其說大而無當，不及韓說。劉氏謂韓注虛一為太極，未詳其所出之宗，而顧之未詳，又可知矣。」「劉（牧）謂『天一居尊不動』，則與馬季長言『北辰不動』，何異？若謂不動，則筮者當置一策以象天一不動，不當言其用四十有九也。動靜一源，顯微無間，知四十有九為一之用，即知一為四十有九之體矣」（頁856～859）。

〔註24〕朱震《易叢說》引韓氏曰「衍天地之數所賴者五十，其用四十有九，則其一不用也，不用而用以之通，非數而數以之成，斯易之太極也。」朱震是之。以為韓氏之意乃「總四十九而為一，太極也」。朱伯崑說：「朱震以王弼說的太極為四十九之總合，是一種誤解。此種誤解大概出於王弼以太極之一為非數。此非數之一，朱震則理解為整體之一際上他是以孔疏、崔憬和胡瑗的太極說解釋王弼的歧一不用說。」（《易學哲學史》中冊，頁363～364。）龔鵬程《孔穎達周易正義研究》遽認為，王弼之義，「固仍於漢儒舊義」，「何嘗與漢儒背貳？」（《師大國文研究所集刊》第二十四號，頁86。）按：王弼之義，如牟宗三先生所說：「其一不用者，即象徵此『寂然至無』之體也。將其『一』提出，升舉而為非數之『一』，以之而為體，即以之為易之太極。」（《才性與玄理》，頁109，學生書局，74年4月修訂7版。）王弼雖將「一」視為本體，但並非將四十九總而為一，而其一仍在四十九之上之外。

〔八五六〕最能表示他的想法。至於太極的內涵，就留待下章談朱震天道思想再說了。

　　歸結的說，朱震的易數學是以劉牧河圖洛書的易數思想作為素材，吸取了王弼、韓康伯及程頤的體用觀的思想形式，並以張載的氣化思想為太極之內涵，建構了一套以太極為體，叁兩之數為中心，而四象、八卦、五行、十日、河圖、洛書、大衍、天地依次開展而成的一套萬物由隱而顯、由象成形的宇宙生成秩序。

第四章 《漢上易傳》之易圖學

第一節 圖書之演變與傳授

　　何謂圖書？乍看之下，圖與書為兩物，實則原始的文字與圖畫並無差別，書即是圖。前文討論過「象」是用以描摹宇宙萬有之情態，而「數」是宇宙萬有之後之理，而將這些情態與理則用具體的符號表現出來便是「圖」。中國原始的象形指事文字是圖，「一」、「－－」符號亦是圖，由此發展而出的八卦、六十四卦，皆是圖。我們知道，愈是抽象的符號所能涵攝的意義愈廣，而一圖與另一圖的組合，了產生另一新的意義外，更隱藏了兩者之間的關係。由八卦重疊成的六十四卦，有總述一卦旨意的「彖辭」，有說明一爻與他爻關係的「爻辭」，於今所見亦僅為前人所發明整理而成，其中定還隱藏許多易理尚未發掘，所以《繫辭傳》說：「書不盡言，言不盡意」。這個道理為後世易學家運用闡揚，將幾個代表卦爻意義的符號，加上幾條簡單的線及文字，製作各式易圖，便能用以表示宇宙萬物的原理，這比用文字說明要好上許多，無怪乎邵雍說：「圖雖無文，吾終日言而未嘗離乎是，蓋天地萬物之理盡在其中矣。」
〔註1〕

　　所謂圖書之學，狹義的說是指研究河圖、洛書有關的學問，因宋代產生許多易圖，以易圖來說明易道，變成宋代易學的特色，故後世言圖書之學，常泛指一切「易圖」有關的學問。本節先述其演變與傳授之情形。

〔註1〕邵雍《皇極終世書・觀物外篇上》，頁348。(《中國子學名著集成》珍本初編
　　　雜家子部第九三冊)

　　關於河圖、洛書的較早記載，見於《尚書·顧命》：「河圖，在東序」。
〔註2〕《論語·子罕篇》說：「鳳鳥不至，河不出圖，吾已矣夫！」〔註3〕直
至〈繫辭傳〉云：「河出圖，洛出書，聖人則之。」〔註4〕圖書與神物、變化、
垂象合為易用以指示的四象。河圖、洛書始與《易》關聯起來。但不知為何
物？《漢書·五行志》說：「劉歆以為伏羲氏繼天而王，受河圖，則而畫之，
八卦是也。禹治洪水，賜雒書，法而陳之，《洪範》是也。」〔註5〕劉歆以伏
羲則河圖而畫八卦，大禹法雒書而陳《洪範》。依〈繫辭傳〉所云，河圖、
洛書僅四象之一，劉歆既曰「則而畫之，法而陳之」，則河圖並非八卦，洛
書並非《洪範》，明矣。劉歆的說法給緯書吸收了，而加以發揮，李鼎祚《周
易集解》引鄭玄注云：「《春秋緯》云：河以通乾出天苞，洛以流坤吐地符。
河龍圖發，洛龜書成。河圖有九篇，洛書有六篇也。」「河圖、洛書者，王
者受命之符」〔註6〕此時，河圖、洛書已由《尚書》中與玉器同列的寶器，
演變為成篇的文字。班固《漢書·五行志》甚至以為：「初一曰五行；次二
曰羞用五事；次叄曰農用八政；次四曰叶用五紀；次五曰建用皇極；次六曰
艾用三德；次七曰明用稽疑；次八曰念用庶徵；次九曰嚮用五福，畏用六極。」
凡此六十五字，皆《雒書》本文。」〔註7〕

　　河圖、洛書究竟為何物？文獻上並不足以確證，歷來各家之說亦只是推
測之辭，其中戴君仁〈河圖洛書的本質及其原來功用〉一文，綜合舊說，論證
詳實，得到三點結論：

　　　（一）河圖洛書是古代一種符瑞。

　　　（二）圖書是石製的，上面刻者靈異動物的形象。

　　　（三）圖書使民心歸附，是一種政治方術。〔註8〕

〔註2〕《尚書·顧命》：「越玉五重：陳寶、赤刀，大訓、弘璧，琬、琰，在西序；大
　　　　玉、夷玉，天球、河圖，在東序。」句讀則參考屈萬里《尚書集釋》，頁236
　　　　（聯經出版社，75年元月2版，台北。）

〔註3〕《論語·子罕》，頁77。（鵝湖出版社，73年9月初版，台北。）

〔註4〕《周易·繫辭傳》：「天生神物，聖人則之；天地變化，聖人效之；天垂象，
　　　　見吉凶，聖人象之；河不出圖，洛不出書，聖人則之。易有四象，所以示也。」

〔註5〕《漢書·五行志上》，卷二十七上，頁1315。

〔註6〕李鼎祚集解、李道平纂疏《周易集解纂疏》，頁843。文史哲出版社。

〔註7〕《漢書·五行志上》，卷二十七上，頁1316。

〔註8〕戴君仁《梅園論學集》，頁1～22。（開明書局，59年9月初版，台北。）

如上所述，河圖、洛書可能本為玉石上的圖案，用以作為符瑞的象徵。漢以後，災異思想盛行，河圖、洛書性質相同的圖讖、緯書，便大量產生，如《漢書·藝文志》天文類載有《圖書秘記》十七篇〔註9〕。河圖、洛書被視為占驗災祥之根源，進而與《周易》牽合，歆以劉河圖為八卦，洛書為洪範；鄭玄以河圖九篇，洛書六篇。但不論以上的演變如何，都並未提到河圖、洛書是由黑白點構成。現在所看到的圖，是北宋以後的事了。然而這些圖是北宋易學家創造的嗎？抑是前有所承？值得作進一步的探究。

最早談到易圖的傳授，是由朱震提出。朱震〈進周易表〉說：

> 國家龍興，異人間出。濮上陳摶以先天圖傳种放，放傳穆修，修傳李之才，之才傳邵雍；放以河圖洛書傳李溉，溉傳許堅，堅傳范諤昌，諤昌傳劉牧；修以太極圖傳周敦頤，敦頤傳程頤、程顥。是時張載講學於二程、邵雍之間，故雍著《皇極經世》之書，牧陳天地五十有五之數，敦頤作《通書》，程頤述《易傳》，載造〈太和〉〈參兩〉等篇。

依朱震所言，及《易圖》所提，北宋易圖學可分為三個譜系，如下圖：

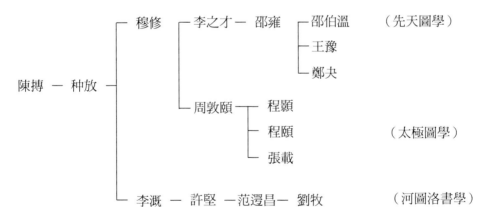

而王偁《東都事略·儒學傳》說：

> 陳摶讀易，以數學授穆修，修授之才，之才授雍。以象學授种放，放授許堅，堅授范諤昌。

晁公武《郡齋讀書志》提到范諤昌的「證墜簡一卷」說：

> 右皇朝天禧中昆陵從事建溪范諤昌撰。……自謂其學出於浦李處約，廬山許堅。

清胡渭《易圖明辨》引上列的話而加以按語說：

> 按《東都事略》言陳摶以象學授种放，放授許堅。象學者，河圖、
> 洛書也。而朱震云：放以圖書傳李溉，溉傳許堅，堅傳范諤昌，諤
> 昌傳劉牧。晁公武云：諤昌自謂其學出於李處約、許堅。其說互異。
> 溉與處約不知是一是二，諤昌又不言處約傳自誰氏，中間授受，不
> 甚分明，識者疑之。昔孟喜得易家候陰陽災變書，詐言師田生且死
> 時，枕喜膝，獨傳嘉。又蜀人趙賓為易，持論巧慧，非古法，云受
> 孟喜，喜為名之。賓死，喜因不肯仞。（見《漢書儒林傳》）蓋曲學
> 授受之際，往往多依託隱諱，不可考究。李、許之學，自附於种放，
> 其亦田生獨傳孟喜不仞之類乎！〔註10〕

據朱震所述三系，河圖洛書一系，晁公武、胡渭已提出疑問；太極圖一
系，說周敦頤受學於穆修，實屬無稽。先天圖一系大致可信，《宋史·李之
才傳》、《邵雍傳》述其學術淵源與朱震所言相同。〔註11〕《宋史·朱震傳》
撰者已說此源流「莫知其所自」，但朱熹說太極圖傳授之傳聞「固有端緒」
〔註12〕，則朱震之說必有所本，不可遽廢。排除學術傳授上的紛爭，朱震述
此三易圖學的用意，可能是希望借溯此源流，建立易圖學作為宋代易學的新
學，以別於漢代的象數之學，而他則為此新學的集大成者。將易圖學視為宋
代易學的新學，從學說精神的主旨上言，應是可以肯定的。先就太極圖與先
天圖而言，陳師郁夫說：

> 《道藏》中的圖與說雖也說明創造之理，但目的在為修煉建立理論
> 基礎，濂溪修改來解說宇宙創生的原理，化丹道為玄學，其情況就
> 如來柏尼茲受邵堯夫的先天圖啟示而創二元運算，二者是有關係，
> 但二者在不同的系統中，命意與作用完全不同。〔註13〕

───────────────

〔註10〕 胡渭《易圖明辨》，頁470。（《續皇清經解易類彙編》，藝文印書館）
〔註11〕 《宋史·道學·邵雍傳》：「北海李之才攝共城令，聞雍好學，嘗造其廬，
　　　　謂曰：『子亦聞物理性命之學乎？』雍對曰：『幸受教。』乃事之才，受河
　　　　圖、洛書、宓羲八卦六十四卦圖像。」（頁12726）《宋史·儒林·李之才
　　　　傳》：「李之才字挺之，……師事河南穆脩，……脩之《易》受之种放，放
　　　　受之陳摶，源流最遠，其圖書象數變通之妙，秦、漢以來鮮有知者。」（頁
　　　　12823）
〔註12〕 《宋元學案·濂溪學案》附〈太極圖說〉。
〔註13〕 陳師郁夫《周敦頤》，頁37。

故即使太極圖、先天圖就學術而言前有所承，相就思想立意而言則仍當歸於周邵二子之創見。個人以為河圖、洛書之情形亦當如是，雖西漢揚雄《太玄》中有〈太玄圖〉一篇，且曰：「一與六共宗，二與七共朋，三與八成友，四與九同道，五與五相守。」〔註14〕而今圖不可見，胡渭為製一圖，認為此乃河圖之底本。但畢竟畫河圖、洛書用以說明揲蓍成卦的基礎，成為其學說的中心者，始於劉牧。故劉牧創河圖、洛書與周敦頤創太極圖、邵堯夫創先天圖，在易學思想上，應同為重要的創見。

至於劉牧的「圖九書十」與朱熹的「圖十書九」，孰是孰非？吾以為圖書與〈繫辭〉發生聯係，本屬後起，只要於本身思想系統中能自圓其說，則只有認知上的差別，並無所謂孰是孰非。而朱熹之學受到後代重視，其「圖十書九」之說自然成為日後的主流，而劉牧「圖九書十」之說雖然早創，但乏人宣揚，便鮮為人知。

承上所述，就學術史而言，後世反對圖書之學者，多從文獻、訓詁的立場來證明這些用以解釋易道的圖書未見於《周易》經傳之中，故不可信。而支持圖書之學者則認為圖書之名早見於典籍，《周易》中不見此圖式，不得謂此項圖式並不存在；同時亦不得謂此項圖式出於宋人杜撰，因此圖式可能久傳於民間，遲至西曆紀元一千年左右方由道家儒家引入著述之中。〔註15〕這是一歷史性問題，或許在未確證河圖、洛書究為何物以前，這問題的爭議仍然存在。但宋代易學家所真正關心的並不在此，宋代易學家創製易圖的用意，是為了藉此以明宇宙萬物最後之理，及變化之道。這當屬理論問題，所應討論是易圖之學依何而立，吾人當循何道衡量、理解其價值所在。而在前文已述，易圖所運用的文字符號，只是重新組合，與易象無異（除黑白點的河圖、洛書）；所論亦為天道、地道、人道（偏重天道），故就所依而言，亦出自易道。剩下便是如何衡量、理解，並確立理論本身的價值問題了。

第二節 《漢上易傳》之內容

《漢上易傳》共分三卷，錄四十四圖。自河圖、洛書、伏羲八卦、文王八卦、太極圖、卦變反對圖、六十四卦相生圖，凡七圖為卷上；自李溉卦氣圖、

〔註14〕鄭萬耕《太玄校釋》，頁359。
〔註15〕程石泉《易學新探》，頁4～5。程氏此說大概能代表支持易圖之學者的看法。
（黎明書局，78年1月初版，台北。）

太玄準易圖、乾坤交錯成六十四卦圖、律呂起於冬至之氣圖、陽律陰呂合聲圖、十二律相生圖、六十律相生圖、十二律通五行八正之氣圖、天文圖、天道以節氣相交圖、斗建乾坤終始圖、日行十二位圖、日行二十八舍圖、北辰左行圖、乾坤六位圖息卦圖，凡十六圖為卷中；自納甲圖、天壬地癸會於北方圖、乾甲圖、震庚圖、天之運行圖、月之盈虛圖、日之出入圖、虞氏義圖、乾六爻圖、坤初六圖、坤上六天地玄黃圖、乾用九坤用六圖、坎離天地之中圖、臨八月有凶圖、復七日來復圖、爻數圖、卦數圖、五行數圖、十月數圖、十二辰數圖、五聲十二律數圖，凡二十一圖為卷下。

　　朱熹批評朱震說：「朱子發解《易》，如百衲衸，不知是說什麼。以此進講，教人主如何曉，便曉得亦如何用。」〔註16〕後人不細看，便依朱子之說而譏之，戴君仁先生便說：「《本易》裡的九圖，是有系統的，漢上的卦圖，則顯得蕪雜。兩下一比，可見朱子的思想有條理，而朱氏的思想，不免龐雜。」吾細推之，亦可發現漢上易圖之理秩，及其特色，論之如下：

一、卷上七圖展示的宇宙論思想

　　朱震繼承劉牧的河圖、洛書之說，並將二圖置於卷首。其目的在以圖書演數，以數的開展說明八卦成象的理則。（參見第三章）次承邵康節「先天之學，心學也；後天之學，人學也」之說〔註17〕，故置伏羲八卦（所載其實為六十四卦方位圖及六十四卦方圖）於文王八卦之前。觀朱震說圖之文，未說明其所以，然試推其意，他將先天圖置於河圖、洛書之後，恐怕是認為太極生兩儀，兩儀生四，四象生八卦，八卦衍為六十四卦，這種演化，純因自然，絲毫不加人力，所以稱先天，意即在人文未創之前即有，純理存於宇宙，猶如數學中之恆等式或邏輯中之套式，不因人力而有，但藉人力而發現。〔註18〕至於文王八卦為後天之說，邵子之意則文王效先天之學，得天地之用，而王者之法，其盡於是矣。〔註19〕這其實是邵子對八卦秩序與方位的重新詮釋，

〔註16〕《朱子語類》，卷六十七。（文津出版社，75年12月，台北。）
〔註17〕《皇極經世書‧觀物外篇下》，頁356。
〔註18〕陳師郁夫《邵康節學記》，頁48。
〔註19〕邵康節曰：「至哉！文王之作易也，其得天地之用乎？故乾坤交為泰，坎離交而為既濟也。乾生於子，坤生於午，離終於申，坎終於寅，以應天之時也。置乾於西北，退坤於西南，長子用事，而長女代母，坎離得位而兌艮為偶，以應地之方。王者之法，其盡於是矣」。同註1，頁339～340。

有其符合自然之理之處，是邵子的宇宙觀，不必與周易經傳相符。朱震殆順此意，故將已見人力安排的後天之學置於後。次置周濂溪太極圖，以說明宇宙萬物生成之理。次置李挺之六十四卦反對、相生圖，以應變化無窮。

　　朱震先述河圖、洛書以明易象發生之理則，而後置先天八卦、後天八卦，太極圖表示宇宙萬物自然創生之理，以至六十四卦反對、相生，以應無窮，此乃宇宙萬物生成變化之序，豈可謂無條理？而朱子《本義》九圖，亦起自河圖、洛書；次四圖為伏羲八卦次序圖、伏羲八卦方位圖、伏羲六十四卦次序圖、伏羲六十四卦方位圖，實即先天圖而一分為四；其次文王八卦次序圖、文王八卦方位圖，則後天圖而一分為二；後亦為卦變圖。其不同者，無太極圖，餘皆朱震易圖之細分，內容相同，順序亦同。朱熹易圖殆參酌朱震之圖而成，豈能說朱熹思想有條理，而朱震思想則龐雜哉？以下上列為朱震《漢上易圖》卷上七圖與下列為朱熹《本義》九圖，兩相對照：（一）河圖／（一）河圖；（二）洛書／（二）洛書；（三）伏羲八卦圖／（三）伏羲八卦次序圖、（四）伏羲八卦方位圖；（五）伏羲六十四卦次序圖；（六）伏羲六十四卦方位圖；（四）文王八卦圖／（七）文王八卦次序圖、（八）文王八卦方位圖；（五）太極圖／無；（六）變卦反對圖；（七）六十四卦相生圖／（九）卦變圖，則可清晰可知朱震七圖在前，朱熹九圖繼而推衍，二順理路並無二致，甚至朱震有開創之功，後人不察，僅以名氣相比，贊朱熹而貶朱震，於朱震不公矣。

朱震七圖（一）：河圖

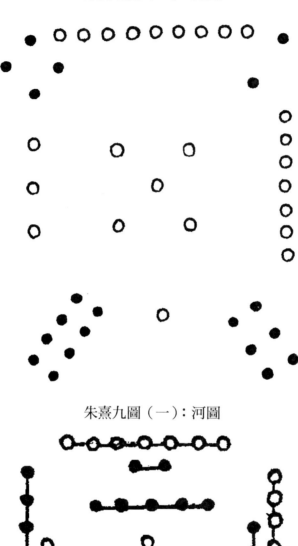

朱熹九圖（一）：河圖

朱震七圖（二）：洛書

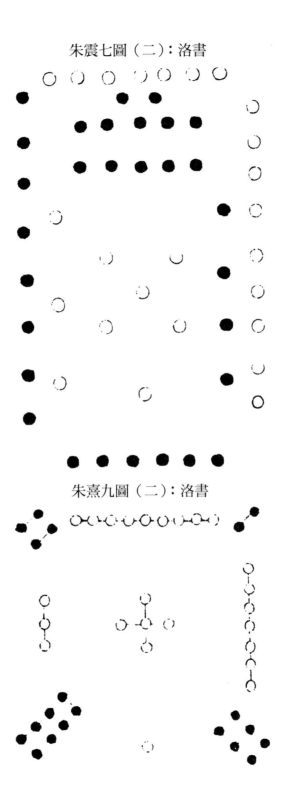

朱熹九圖（二）：洛書

朱震七圖（三）：伏羲八卦圖

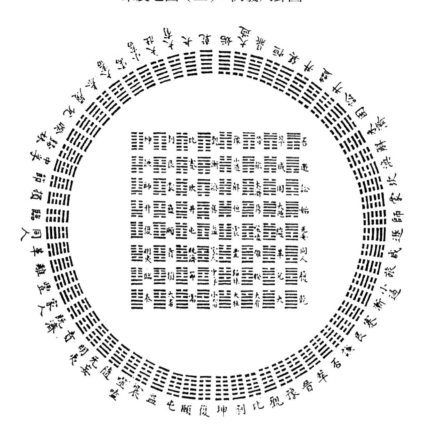

朱熹九圖（三）：伏羲八卦次序圖　　朱熹九圖（四）：伏羲八卦方位圖

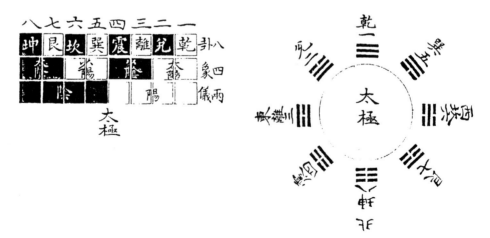

朱熹九圖（五）：伏羲六十四卦次序圖

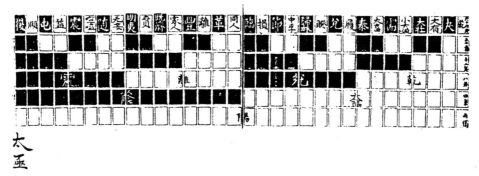

朱熹九圖（五）：伏羲六十四卦次序圖

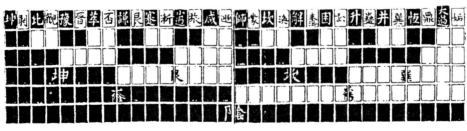

朱熹九圖（六）：伏羲六十四卦方位

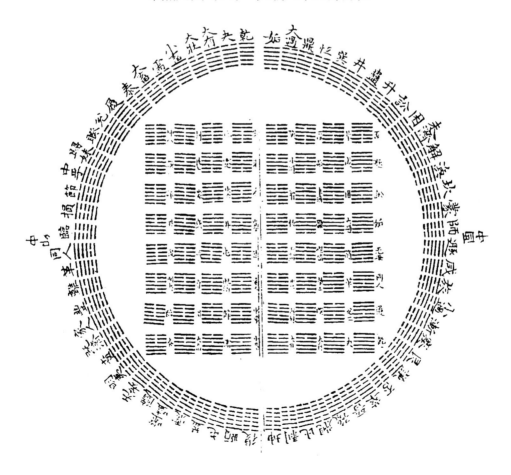

朱震七圖（四）：文王八卦圖

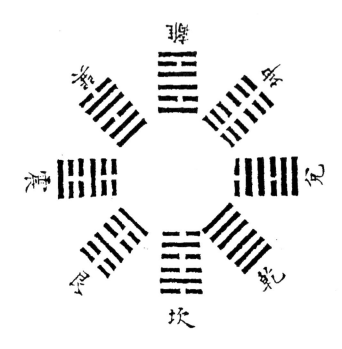

朱熹九圖（七）：文王八卦次序　　　　朱熹九圖（八）：文王八卦方位

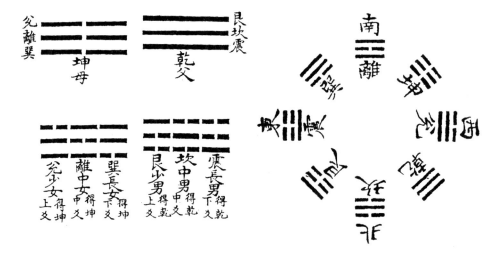

朱震七圖（五）：太極圖

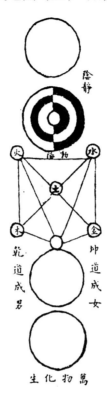

朱震七圖（六）：變卦反對圖

變卦反對圖

六十四卦剛柔相易周流而變

易於序卦於雜卦盡之

乾坤二卦為易之門萬物之祖圖第一（傳本曰功成無為同）

天行健　乾元亨利貞　地勢坤　坤元亨利牝

馬之貞

乾老陽

萬物資始
乾道變化
乾德父　用九天德不可為首　稱乎父

坤老陰

萬物資生
坤厚載物
稱乎母　用六
利永貞

朱震七圖（六）：變卦反對圖

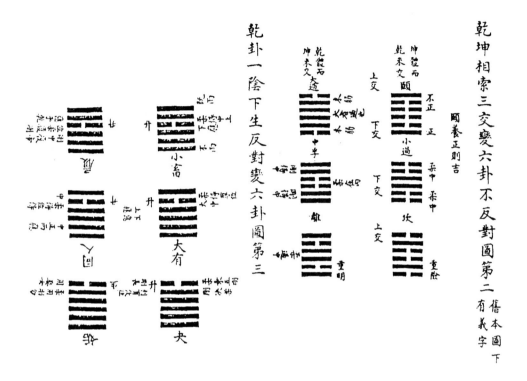

朱震七圖（六）：變卦反對圖

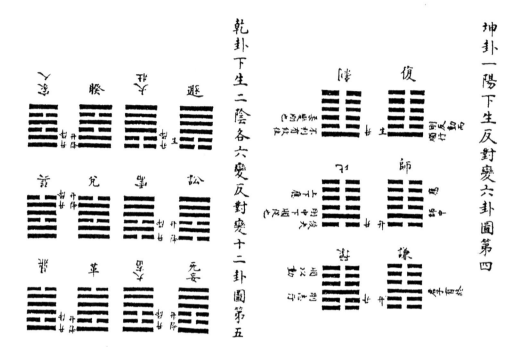

朱震七圖（六）：變卦反對圖

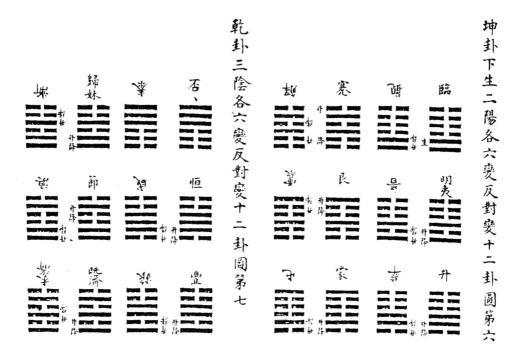

朱震七圖（六）：變卦反對圖

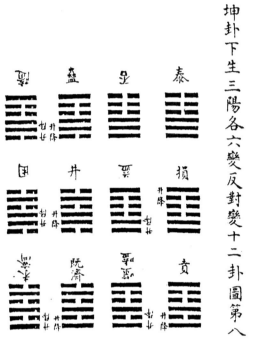

坤卦下生三陽各六變反對變十二卦圖第八

朱震七圖（七）：六十四卦相生圖

六十四卦相生圖

乾坤者衆卦之祖

始 乾一交而為姤

復 坤一交而為復

復 剛反動而以順行

凡卦五陰一陽者皆自復卦而來復一爻五變而成五卦

姤 剛遇也

比 以剛中也

師 剛中而應

謙 君子有終吉

剝 柔變剛也

豫 剛應而志行

朱熹九圖：（九）卦變圖

卦變圖 象傳或以卦變為說今作此圖以明之 蓋易中之一義非畫卦作易之本指也

凡一陰一陽之卦各六皆自復姤而來 卦同圖異

凡二陰二陽之卦各十有五皆自臨遯而來

四陽卦同圖異

剝 比 豫 謙 師 復

夬 大有 小畜 履 同人 姤

凡卦五陽一陰者皆自姤卦而來姤一爻五變而成五卦

同人　柔得位得中而應乎乾

大有　柔得尊位大中而上下應之

遯　　乾再交而為遯

臨　　坤再交而為臨

臨　　剛浸而長剛中而應

履　　柔履剛也

夬　　柔乘五剛也

小畜　柔得位而上下應之

凡卦四陰二陽者皆自臨卦而來臨五復五變而成十四卦

第一四變

明夷　　震

屯　　　剛柔始交而難生　頤

第二復四變

升　　　解

坎　　　家

第三復三變

小過　　革　剛中而應故聚也

觀　　　大觀在上中正以觀天下

頤　屯　蒙　坎　解　升　震　明夷　臨

艮　蹇　萃　晉　小過

大畜　無妄　訟　遯　家人　巽　鼎　離　革　大過　兌　睽

需　大壯

凡三陰三陽之卦各二十皆自泰否而來

豐　妹歸　泰　節　損　既濟　賁　噬嗑　隨　益　蠱　井　恆

第四復二變
蹇
不利西南往得中也
不利東北其道窮也
晉
柔進而
上行

第五復一變
良
上下敵應
遯
小利貞浸而長也

凡卦四陽二陰者皆自遯卦而來遯五復五變而成十四卦

第一四變
訟
剛來而得中也
鼎
柔進而上行得
中而應乎剛
大過
剛過而中
本末弱也

第二復四變
无妄
剛自外來而
為主於內
家人
柔麗乎
水火
相息
革

第三復三變
離
柔麗乎
中正
革
柔在內而
剛得中

中孚
大畜

第四復二變
大壯

渙
未
濟
困
旅
咸
否
漸
旅
咸
恒
井
蠱
困
噬嗑
未
濟
既
濟
隨
豐
賁
節
損
歸妹
泰

凡四陰四陽之卦各十有五皆自大壯觀而來

睽
柔進而上行得中而應乎剛

第五復一變

兌　剛中而柔外

否　乾三交而為否

泰　坤三交而為泰

泰　小往大來

几卦三陰三陽者皆自泰卦而來泰三復三變而成九卦

第一三變

歸妹　天地之大義也天地不交而萬物不興歸妹人之終始也……節
剛柔分而剛得中

損　損下益上其道上行

第二復三變

豐　阮濟
剛柔正而位當也

賁　柔來而文剛分剛上而文柔

第三復三變

恒　剛上而柔下

蠱　剛上而柔下

井　巽乎水而上水
井乃以剛中也

大畜　需
見前　圖巳

兌　睽
大壯

中孚　離
家人　革

訟　巽

遯　晉
觀

萃
蹇　艮

无妄　鼎
過大

坎　蒙
解

否
大往小來

凡卦三陽三陰者皆自否卦而來否三復三變而成九卦

第一三變

咸
柔上而剛下

漸
女歸吉進得位往有功也

旅
柔得中乎外而順乎剛

第二復三變

渙
剛來而不窮柔

困
剛揜也以剛中也

未濟
柔得中而……剛

第三復三變

困
剛揜也以剛中也

益
民說無疆
損上益下

隨
剛來而下柔

噬嗑
柔得中而上行雖
不當位利用獄也

升

屯
顧

震

臨
夬

明

大有
夬

小畜

同人

履

姤
剝

比

豫

謙

師

復

凡五陰五陽之卦各六皆自夬剝而來　一陰一陽　圖已見前

二、卷中則以律曆天文與易相合

（一）曆與易的關係

以曆、律、天文與易相合，是漢代易學最重要之特色，而卦氣說尤為重要。卦氣說之首倡為孟喜，但此並非孟喜憑空構造出來，他是將已發展成的曆法與所謂「十二消息卦」相合，開啟以易傳曆之端。故朱首列卦氣圖，並述其源流。朱震說：

> 二十四氣，七十二候見於周公之〈時訓〉，呂不韋取以為〈月令〉焉，其上則見於《夏小正》。《夏小正》」者夏后氏之書，……具十二月而無中氣，有候應而無日數。至於〈時訓〉乃五日為候，三候為氣，六十日為節。二書詳略雖異，其大要則同，豈〈時訓〉因《小正》而詳加歟？〔七五〇〕

朱氏此段說明甚為疏略，試論其詳，以補前文論卦氣說之不足。卦氣說實為曆法與易之結合。故欲論卦氣說，必先知曉古代曆法演進之大要。我國進入農業社會以後，由於長期耕作經驗的累積，知道要有良好的收成，需配合氣象的寒暑變化，故我國曆法可能早在原始農業社會已粗具雛型。稽考典籍，《尚書·堯典》已記載堯命羲和二氏，設官測天，舜察璣衡，觀象制器，協時正日，以齊七政之事。且已定「期三百有六旬有六日，以閏月定四時成歲」。〔註20〕後人考證，堯之時確有觀象授時之事，但詳細定年月日的週期，及定閏月四時應是後來的事。〔註21〕

歷史進入所謂信史時期，關於夏代曆法的記載，傳說有《夏小正》一書。《史記·夏本紀》說：「孔子正夏時，學者多傳《夏小正》云。」《禮記·禮運》「孔子曰，吾欲觀夏之道，是故之杞，而不足徵也，吾得夏時焉。」鄭玄注曰：「得夏四時之書也，其書存者有《小正》。」〔註22〕今《夏小正》之

〔註20〕《尚書·堯典》，頁21。

〔註21〕陳欠金〈曆法的起源和先秦四分曆〉一文，敘述原始社會的曆法知識，說：「關於《堯典》中的歲時長度，可能並不是當時的真實知識。從夏、殷、周的曆法發展水平看，堯時可能還沒有掌握一回歸年的確切日數。當時以月的圓缺來決定月的大小，隨時觀測星象，來判定季節的變化。這一條關於歲時的知識，可能是西周以後的東西。朔日的概念，也應是西周以後。」（收錄於劉君燦編著《中國天文學史新探》，頁135～172。尤其頁141。明文書局，77年7月初版，台北。）

〔註22〕《史記·夏本紀》，頁52。（據瀧川龜太郎《史記會注考證》學人版，洪氏出版社，74年9月，台北。《禮記·禮運》，頁415下。

經文存於《夏小正傳》中，而《夏小正傳》載於《大戴禮記》，為西漢戴德所撰〔註23〕。至於《夏小正》之經文成於何時？學者根據文中樸質的文字，不雜陰陽五行的思想，及所描述的天文星象看來，很可能就是夏代所遺留下來的曆法觀念，而其成書與後來的《月令》相較，應在春秋以前。〔註24〕《夏小正》之內容，則分別紀錄一年十二月可見之天文星象，氣候特徵，及不同氣候狀態下的動植物的生態活動，並配合上適時之人事作息。〔註25〕由其內容可以發現幾點特徵：（1）以十二月為分期，尚無節氣之分；記載每月的候應，確切的日數。此與朱氏所言相符。（2）除了二、十一、十二月，其他月分皆有觀測的星象。說明其曆法完全是從實際生產需要為出發點。三月至十月為生產季節，故對氣候的掌握要求較嚴革；十一月至二月，生產活動暫停，故對氣候的要求則可以不必嚴革。（3）十一至二月，只有正月記載星象的出沒，可能與定歲首及置閏月有關。〔註26〕

朱震在《夏小正》之後，提到〈時訓〉及〈月令〉兩篇。此二篇今存於《周書》〔註27〕，《周書》七十一篇駁雜不純，其中有西周時代的史影，而其多數皆屬戰國晚期的資料。〔註28〕其中關於曆法方面的記載，有〈周月〉第五十一，〈時訓〉第五十二，〈月令〉第五十三，其中〈月令〉一篇已佚，經前人考證《周書》之〈月令〉即《呂氏春秋·十二紀》的首篇。〔註29〕關於這三篇的內容，〈周月〉屬總論性質，已知一年十二月，且知四時成歲有春夏秋

〔註23〕《隋書·經籍志》別出《夏小正》一卷，注云戴德撰。余嘉錫《四庫提要辯正》，卷一，頁53～54，對此考證甚詳，可參閱。

〔註24〕《尚書·堯典》，頁141～145。

〔註25〕茲引《夏小正》正月之文，以備參驗。其文曰：「正月。啟蟄。雉震呴。魚陟負冰。農緯厥耒。初歲祭耒。囿有韭。時有俊風。寒日滌凍塗。田鼠出。農率均田。獺祭魚。鷹則為鳩。農及雪澤。初服於公田。采芸。鞠則見。初昏參中。斗柄縣在下。柳稊。梅杏杝桃則華。緹縞。雞桴粥。」（據《增訂漢魏叢書》，第一冊經翼，頁491～492，《清乾隆五十六年（1791）金谿王氏刻八十六種本》）

〔註26〕劉君燦編著《中國天文學史新探》，頁135～172。

〔註27〕陳夢家《尚書通論》說：「七十一篇《周書》，在東漢古文學家稱『周書』，或稱之為『逸周書』。……許慎《說文》分別《尚書·周書》與七十一篇《周書》，改稱後者為《逸周書》，……晉代汲郡所出竹書有《周書》一種，其名與七十一篇相同，因致唐、宋書目中或誤稱七十一篇為『汲冢周書』。」頁290～291。（仰哲出版社，76年11月，台北。）

〔註28〕劉君燦編著《中國天文學史新探》，頁289。

〔註29〕朱右曾《周書集訓校釋》集逸文，可供參考。

冬，各有孟仲季以名十二月，中氣以著時應。春三月中氣，雨水、春分、穀雨；夏三月中氣，小滿、夏至、大暑；秋三月中氣、處暑、秋分、霜降；冬三月中氣，小雪、冬至、大寒。〈時訓〉篇則為分述性質，其內容特徵為：（1）以五日為候，三候為氣，三十日為節（案：今所見朱震《易圖》以「六十日為節」，應是訛誤。）且已記載完整的二十四節氣的名稱。由《夏小正》的一年以十二月為週期，至〈周月〉以十二節為時應，至〈時訓〉又分為二十四節氣，先秦曆法至此已臻完備矣。（2）所記載物候多依據《夏小正》，而加以整理，分屬五日之下，且將文辭予以修飾，如「時有俊風，寒日滌凍塗」，改為「東風解凍」。（3）已出現陰陽觀念，如「陰（氣）奸陽」、「是謂陽否」、「陰氣憤生」、「是謂陰息」等。（4）原本質樸的農業活動不復記載，取而代之的是有關政治方面的論述。由三、四兩點，陰陽觀念的加入，及政治思想傅合曆法，已參合了個人的思想。

　　而《禮記‧月令》（《呂氏春秋‧十二紀》）可以說是先秦曆法之總結，且為鄒衍陰陽五行學說之匯集，其內容則將季節、月份、日的位置、昏旦的星象、天干、帝、神、蟲、五音、十二律、數、味、臭、祀、藏、明堂位、色、禾、畜、器皿、節、方位、五行、政教，皆聯屬成一形式整齊的系統。〔註30〕

　　孟喜就在古代曆法的基礎上，選擇了復、臨、泰、大壯、夬、乾、姤、遯、否、觀、剝、坤十二卦，與十二月相傅合。從理論內部而言，以一爻代表陽氣，以－－爻代表陰氣，由下而上，陽氣漸息則陰氣漸消，陰氣漸息則陽氣漸消；與卦象尚能比附。又以坎、離、震、兌值二至二分，二十四爻分主二十四氣，餘六十卦每卦主六日七分，《新唐書‧曆志》甚而以六十卦配七十二候，即朱震錄李漑〈卦氣圖〉，附圖如下：

〔註30〕　參考邴芷人〈陰陽五行及其體系〉（一）‧（《中國文化月刊》，第71期，74年9月）。及李漢三《先秦兩漢之陰陽五行學說》。

圖分三層：第一坎、離、震、兌主二至二分，二十四爻分主二十四節氣；第二層則以六十卦分一朞，每卦主六日七分，並配以爵等；第三層則以十二消息卦七十二爻分主七十二候。各家皆以卦傅曆，雖設計精巧，但究其理論，各憑己意，所配互異。其目的則皆為造成一更龐大的體系，來解釋宇宙萬象，此可謂一系統論的思想，惜其內部理論實缺乏普遍性。而朱震亦只能述卦曆傅合之變遷，至於建立一具普遍性的理論則猶不能也。

　　朱震又製〈太玄準易圖〉，讚揚雄達曆數之意，作《太玄》以準易。《周易》六十四卦與曆數是否有關，尚有爭議。但《太玄》之作，確為相應於太初曆，而兼該乎顓頊之曆。《太玄》將八十一首分為七百二十九贊，每二贊主一晝夜，共三百六十四日半，外加踦、嬴兩贊〔註31〕，而滿一歲三百六十

〔註31〕《太玄》分八十一首七百二十九贊，外加踦嬴兩贊。鄭萬耕《太玄校釋》注曰：「一歲三百六十五又四分之一日，而《太玄》七百二十九贊，合三百六十

五日又一千五百三十九分日之三百八十五。故〈太玄圖〉曰：「凡三百六十四日又半，踦滿焉，以合歲之日而律曆行。」雖然，《太玄》亦非完全與曆相合，外加踦贏兩贊，實又較一歲多四分之一日，四歲即多一日，所以蘇洵說：「率四歲而加之，千載之後，吾恐大冬之為大夏也。」〔註32〕曆本乎自然，測候而得，外加踦贏，傅合曆數，雖稱精巧，亦失於天理，此又強合曆易之窘態也。

太玄準易圖

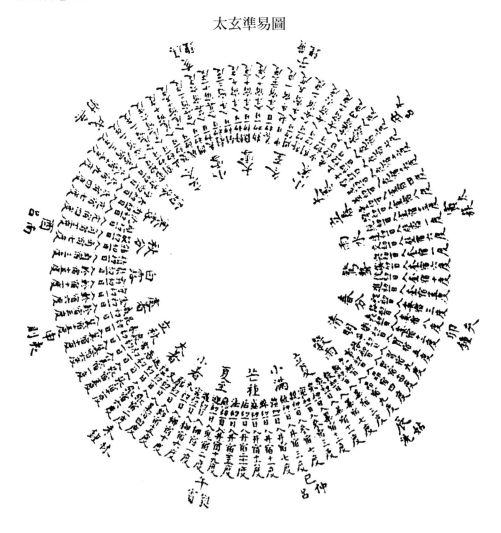

四日半，增踦贊之半日，尚不足歲之日，故稱為踦」。「贏，滿也，餘也。三百六十五日之外，尚餘四分之一日，以贏贊補之，正滿一歲之日數，故稱為贏。」頁245～246。

〔註32〕蘇洵《嘉佑集》卷第七〈太玄論〉上。（商務印書館，大本四部叢刊正篇046）

朱震又繪「乾坤交錯成六十四卦圖」，引《乾鑿度》之文曰：「天道左旋，地道右遷，二卦十二爻而朞一歲。……法於乾坤，三十二歲期而周六十四卦三百八十四爻萬一千五百二十析，復從於貞。」〔註33〕其用意在說陰陽二氣相互推盪，以卦主歲，兩卦十二爻主一歲，始乾坤，次屯蒙，次需訟，……歷三十二歲而周六十四卦。仍是以卦傅曆之說。

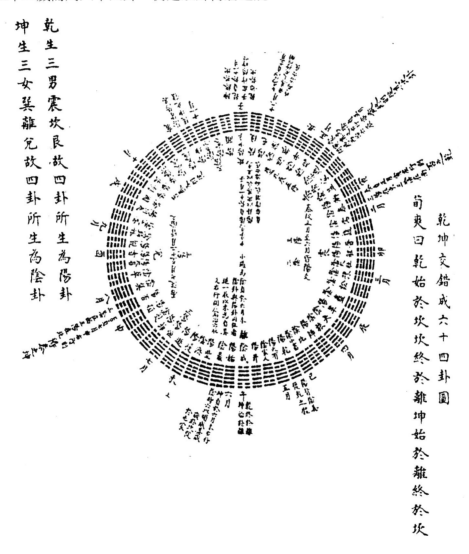

由上所述，自孟喜倡卦氣說，以卦傅曆，後世研易者，或僅談陰陽消息，或以爻辰注易，以易準曆，其影響甚遠且鉅。持易與曆有密切關係者，努力

〔註33〕參見《易緯‧乾鑿度下》。（商務印書館，71年5月初版，台北。）

於經傳之中，尋繹蛛絲馬跡，以期說服眾人。經傳之中確有與消息相關的文句，然能否憑這點線索就能有系統的全面解釋易卦爻與曆之係，實待商榷。倘欲將易與曆結合成一系統，則首當決的問題是，如何尋找出一具有普遍性的理論來說明兩者之關係。如今，一爻或當一日，或主一候，或為一氣，或當一月；一卦或當六日七分，或主一月，或為半載，眾說紛紛，此實為反對者所以認為卦氣說是牽強附會的原因。

（二）律與易的關係

朱震又繪製了〈律呂起於冬至之氣圖〉、〈陽律陰呂合聲圖〉、〈十二律相生圖〉、〈六十律相生圖〉、〈十二律通五行八正之氣圖〉，來說明律與易之關係。

律呂起於冬至之氣圖

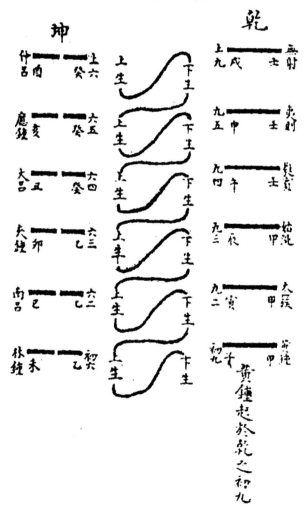

陽律陰呂合聲圖

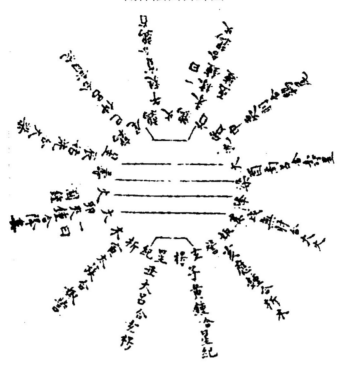

十二律相生圖　十二律十二月消息卦

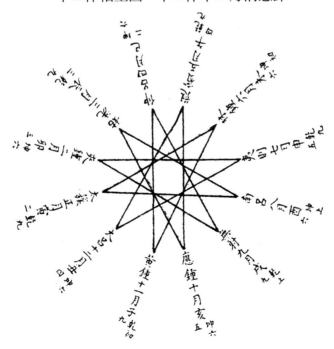

十二律通五行八正之氣圖

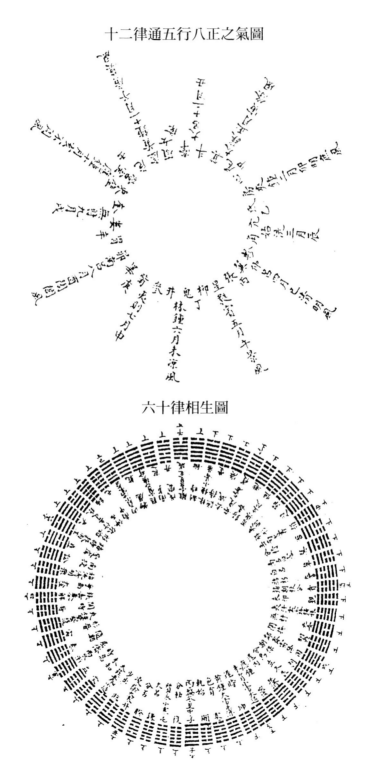

六十律相生圖

六十律六十卦自黃鍾左行至于制時為上生自林鍾至于遲時為下生

其中多引鄭玄之說，而鄭玄的爻辰說是其易學的代表。鄭玄注《周禮‧大師》云：

> 黃鍾初九也，下生林鍾之初六，林鍾又上生太簇之九二，太簇又下生
> 南呂之六二，南呂又上生姑洗之九三，姑洗又下生應鍾（案：朱震誤
> 引為夾鍾）之六三，應鍾又上生蕤賓之九四，蕤賓又下生大呂之六四，
> 大呂又上生夷則之九五，夷則又下生夾鍾（案：朱震誤引為應鍾）之
> 六五，夾鍾上生無射之上九，無射下生仲呂之上六。〔七六二〕

　　吾人要追問，是何理由可以將規定音樂高度之十二律與乾坤兩卦之十二爻關聯起來？首先看十二律的產生。《史記‧律書》與《漢書‧律曆志》所載記算十二律的方法雖有不同〔註34〕，然所得皆同，即「準於黃鍾，由黃鍾下生林鍾，林鍾上生太簇，太簇下生南呂，南呂上生姑洗，姑洗下生夾鍾，夾鍾上生蕤賓，蕤賓下大呂，大呂上生夷則，夷則下生應鍾，應鍾上生無射，無射下生仲呂。」而所謂「上生」、「下生」指相生兩者律數之高低，如黃鍾之律數為八十一，林鍾之律數為五十四，太簇之律數為七十二，則黃鍾生林鍾謂之下生，林鍾生太簇謂之上生。而關於十二律何以名之所以然，《史記‧律書》、《漢書‧律曆志》及《淮南子‧天文訓》的解釋詳略有異〔註35〕，然可發現

〔註34〕《史記‧律書》曰：「生鍾分：子，一分。丑，三分二。寅，九分八。卯，二
　　　　十七分十六。辰，八十一分六十四。巳，二百四十三分一百二十八。午，七
　　　　百二十九分五百一十二。未，二千一百八十七分一千二十四。申，六千五百
　　　　六十一分四千九十六。酉，一萬九千六百八十三分八千一百九十二。戌，五
　　　　萬九千四十九分三萬二千七百六十八。亥，十七萬七千一百四十七分六萬五
　　　　千五百三十六。生鍾術曰：以下生者，倍其實三其法。以上生者，四其實三
　　　　其法。」即以「子，一分」為準，分母「三其法」，則依序為三的一次方，三
　　　　的二次方，……。分子則「以下生者，倍其實」即「下生者，分子乘以二」；
　　　　「以上生者，四其實」即「上生者，分子乘以四」。《漢書‧律曆志》曰：「如
　　　　法為一寸，則黃鍾之長。參分損一，下生林鍾。參分林鍾益一，上生太族。
　　　　參分太族損一，下生南呂。參分南呂益一，上生姑洗。參分姑洗損一，下生
　　　　應鍾。參分應鍾益一，上生蕤賓。參分蕤賓損一，下生大呂。參分大呂益一，
　　　　上生夷則。參分夷則損一，下生夾鍾。參分夾鍾益，上生亡射。參分亡射損
　　　　一，下生仲呂。」《漢書》是採「參分損益法」，所得與《史記》無異。
〔註35〕《史記‧律書》、《漢書‧律曆志》、《淮南子‧天文訓》論十二律的意義略有
　　　　差別，文繁不及備載，僅各舉「太簇」（泰簇）一條以供參驗：「正月也，律
　　　　中泰簇。泰簇者，言萬物簇生也，故曰泰簇。其於十二子為寅，寅者萬物始
　　　　生螾然也，故曰寅。」（《史記》）「太族：族，奏也，言陽氣大，奏地而達物
　　　　也。位於寅，在正月。」（《漢書》）「指寅，則萬物螾螾也。律受太簇。太簇
　　　　者，簇而未生也。」（《淮南子》）

三者皆以十二月陰陽二氣的消長，及萬物生長的情形，來說明十二律名稱之所以然。而《史記‧律書》更將八風、二十八宿、天干、地支結合起來，即朱震所繪「十二律通五行八正之氣圖」（見上附圖）。音律之高低決定於發聲器具的短長，與卦氣說本不相干，而是在命名時，蓋因十二律與十二月其數相同，再加上音律高低予人的感覺配合氣的變化等因素，因而將兩者相結合。其目的，仍舊是欲在曆法的基礎上，建立一大體系，以解釋天地萬象相互之間的關係。

而京房言易時，就將十二支與乾坤十二爻相配，劉歆三統曆承其說，以律附易〔註36〕，至鄭玄言易，變易京氏之說，創爻辰說，將十二律配以乾坤十二爻。而居中聯接十二律與乾坤十二爻的關鍵便是十二支，十二支本用於紀年，與律不相干，而其配和亦只有順序的關係，即十二支按子丑寅卯辰巳午未申酉戌亥，與十二律依律數之高低即黃鍾、大呂、太簇、夾鍾、姑洗、仲呂、蕤賓、林鍾、夷則、南呂、無射、應鍾相配合。至於十二支與乾坤十二爻之配合，京房是先分子寅辰午申戌為陽，丑卯巳未酉亥為陰，依「天道左旋，地道右遷」的法則排列，則其序為：乾初九為子，九二為寅，九三為辰，九四為午，九五為申，上九為戌；坤初六為未，六二為巳，六三為卯，六四為丑，六五為亥，上六為酉。但這種組合，並無法滿足律呂相生的次第，故鄭玄將坤六爻改為初六為未，六二為巳，六三為卯，六四為丑，六五為亥，上六為酉。六二為酉，六三為亥，六四為丑，六五為卯，上六為巳（案：如此乾坤則均為右行）。朱震之意，顯然企圖將律、曆（卦氣）、易（卦爻）三者連接起來，他在卦圖上採用京房之說，而文字上採鄭氏律呂相生之說，未注意二者的不同，顧此則失彼矣。

律、曆、易三者本不相屬，而漢以來之學者或因卦氣之說，或藉抽象的數，企圖將三者相合，造成更龐大的系統，來解釋天人之際的關係。但其間有無理論足以貫通之？其理是一或多？各理論能否相通，且有普遍的解釋效力？似乎目前仍無令人能欣然接受者。

（三）天文與易的關係

朱震於卷中之末，繪圖說明日行二十八宿、十二次、北辰運行等，天文星象與八卦之關係。這些星象實為古人觀測制曆之根據，此分開來看，只為

〔註36〕三統曆以十一月，乾之初九，黃鐘為天統；六月，坤之初六，林鐘為地統；正月，乾之夷三，太族為人統。參考《漢書‧律曆志》，頁961。

強調天文運行與八卦之關係，仍是以陰陽二氣消長的卦氣說為理論基礎。

三、卷下以卦圖解釋彖象

《易圖》卷下則運用卦圖來解說《彖傳》《象傳》之中較費解的文句。如以虞氏納甲之說釋「先甲後甲」、「先庚後庚」。以天文象解釋「乾六爻為龍」，朱氏認為，天文東方七宿（角亢氐房心尾箕）為蒼龍之象，其角在辰，其尾在寅；而乾卦始於子，成於巳，位相近也。此亦準於卦氣說與天文之結合，若嚴革求之，自子至巳，使於北訖於東南，位近似而已，故聊備一說，不足深信。又以卦氣說解釋「坤初六履霜堅冰至」、「坤上六龍戰於野」、「八月有凶」、「七日來復」等。相當於理論的實際運用。

第三節 《漢上易傳》之學術思想價值

綜上所述，《漢上易圖》在學術上的價值當勝於思想上之價值。就學術而言，其價值有三：

一、朱震〈進周易表〉首先提出有關易圖的傳授，雖然其中疑點甚多，但仍有其學術上之價值。

二、收錄易圖數量、種類繁多，對易圖史料之保存貢獻頗大。

三、對所錄易圖詳加介紹、評論，尤其各易圖形成理論之演變敘述甚詳。

至於思想上之價值，易圖以單純的幾個符號文字來表現宇宙萬物之理，其方法固甚簡便，能涵攝者亦可甚廣，但究竟能夠透顯出多少宇宙萬物之理，實在可議。吾以為能以易圖表現其思想特色者，自周濂溪太極圖、邵堯夫先天易圖、劉牧河圖、洛書之後，殆少能出新意矣。而太極圖表現天道生化萬物，終言主靜立人極以原始要終之思想，實多出於太極圖說。且以易圖表現道德修養之思想，易圖史上大概絕無僅有。邵雍先天易圖、劉牧易數鉤隱圖皆以表示宇宙生成的秩序，以圖式展現特有宇宙觀，二者在中國思想史上有其地位，後者多僅是繼承修正。另一類易圖則是用以說明易理，如卦氣、天文、律呂……，而此類只是將文字易理用圖式表示，多無新意。〔註37〕

談過易圖大至所涵攝的思想後，再來檢視《漢上易圖》的思想價值，有

〔註37〕鄭吉雄〈論宋代易圖之學及其後之發展〉，《中國文學研究》，1987 年 5 月創刊號。鄭氏將易圖分為，言修德、說易理、探索宇宙為主三類。

兩點值得注意：

一、《漢上易圖》欲以易圖表示道德修養，宇宙生成秩序兩方面，並未有創見，只是繼承前人。但由易圖卷上的排列順序中，似乎亦代表其宇宙思想，可惜朱震本人並未講明。吾僅能揣想，朱非按歷史發生之先後來排列易圖，而先置劉牧河圖、洛書，及邵雍先天圖，顯然著重宇宙由成象至著形的過程之秩序，其後為周濂溪太極圖，所重當在宇宙生化萬物之，人之成德修養上。最後六十四卦相生、卦變圖，其用意在表現易道之化成萬物，變化無窮。儼然涵蓋了宇宙生成之理的天道，立誠主靜之人道，及開務成物之地道。所以雖未有創發之見，但仍有集結之功。這種排列順序為《本義》所吸收，但朱子將太極圖抽出，則以易圖來表示整體易道思想之成就，顯然不如朱震。倘此解釋能成立，這亦算是朱震以易圖之順序來表示其易道思想的特色了。

二、《漢上易圖》大部分仍是用以解說易道，及壯大易學之解釋系統，其內容涵廣，難成體系，後人評其學龐雜，亦當指此部分。然其學龐雜，實非所願如此，這本是整個易道之特色，易道屢遷，萬象紛紜，探賾索隱，豈能不龐雜哉？朱震責難宋咸「夫卦氣何不起於他卦，而獨起於中孚？」，曾說：

> 六壬推日月行度，參以時日，得易之坎離者也；遁甲九宮八門，得易之河者也，壬遁得易之一端而不盡，易之道，散為陰陽術數之學，易亦何往往而非陰陽哉？故曰「易以道陰陽」，又曰「立天之道陰與陽，立地之道柔與剛」，聖人推陰陽剛柔進退消長之理，為得失存亡之象，其道一歸於仁義，而未始不原於天地。咸信進退消長，而不信消息之卦，是終日數十，而不知二五也。又謂諸儒假壬遁言易學以籠天下，而不知壬遁實出於易，言易者亦假壬遁哉？咸謂易書所不及者，為聖人之旨，有焉，且如河圖、洛書見於《繫辭》，而河圖四十五，洛書五十之數，傳於異人，安得以為聖人之旨，有哉？中孚十一月之卦也，以歲言之，陽始於冬至；以曆言之，日始於牽牛；以日言之，晝始於夜半；以人言之，慮始於心思，咸謂何不起於他卦，真不知者也。且不信直卦，則陽生為復，陰生為姤，臨至於八月有凶，八月不知果何月也？夫善味者別淄澠之水；善聽者知妙要之音；善視者察秋毫之末，咸讀易疏惡易緯之學，而并廢消息之卦，豈得為善觀書者手？〔八二五～八二六〕

以朱震此言來看易象、數、圖、術與易道之關係，易道屬形而上學，是宇宙萬物最後之理，易道為何？如何定義？實非能一語定義之。老子說「道可道，非常道」，能以語言文字表示的只是道的特性，這些被發現之特性，往往是具有普遍性，恆久性，不變性。在易學中，如陰陽對立、消息盈虛、終始遁還……，這屬於本體之特性，還有屬於倫理的（見下章），這些普遍之理易為人所接受。至於用以表示這些易理的方術，象、數、圖、術，往往則因具體的示現，便有其封閉性，這便淪為反對者攻擊的目標。誠如朱震所言，卦變、消息、書、壬遁之術，皆出於易，但不等於易，申言之，皆可與易理有關，但不等於易理的全部，更不必合於《周易》。我們相信易理是在象、物、事、數、人倫日用之間，去認識、體踐，離開此，便成了死物。但非因此而誇大、迷信各種方術之功用，當認清其運用範圍及解釋效力，庶幾乎能保存其功用與價值，非是盲從，亦不全盤否定。

第五章　朱震的天道思想

　　本文使用「天道」一詞，而不直接使用西方哲學中，討論一切存有之理的本體論（Onto-iogy），及研究實際宇宙之構造問題的宇宙論（Cosmoiogy），因為在中國思想中天道一詞的涵義可以包含此二者，甚至更廣。〔註1〕且在中國思想中本體論與宇宙論往往難以嚴格畫分，經常是本體論與宇宙論的根源是同一個，形成以一超越實體提攝宇宙論而縱貫地明其生化大用的本體宇宙論。〔註2〕在易學思想中，兼具本體和宇宙根源的便是「太極」。

　　在儒家典籍之中，「太極」一詞，最早見於〈繫傳〉「易有太極，是生兩儀」，但《繫辭傳》並未對太極一詞加以定義，從來各自，諸家異說。漢儒釋「大衍之數五十」時，京房以之為「天之生氣」，馬融以之為「北辰」，《易緯‧乾鑿度》集其大成，以為是「氣、形、質具而未相離」〔註3〕，後代稱漢儒之說為「太極元氣說」。至王、韓援《老》解《易》，以「無」稱太極，不同於漢儒由實質處看萬物之根源，乃源於一空靈處看萬物之根源。宋代周濂溪《太極圖說》言「無極而太極」，實欲兼攝有無；又以「誠」說太極。邵雍以「心」

〔註1〕唐君毅《哲學概論》上冊，頁95～100。（學生書局，74年10月全集校訂版，台北。）

〔註2〕范良光先生《易傳道德的形上學》，頁31。（商務印書館，71年5月初版，台北。）

〔註3〕《易緯‧乾鑿度》曰：「未有形生於無形，乾坤安從生？故曰有太易、有太初、有太始、有太素也。太易者，未見氣也；太初者，氣之始也；太始者，形之始也；太素者，質之始也。形、氣、質具而未相離，故曰渾淪。渾淪者，言萬物相混而未相離。視之不見，聽之不聞，循之不得，故曰易也。易無形畔。」（《易緯八種》，頁58，新興書局，52年3月。）

稱太極，張載以「氣」稱太極，朱子以「理」稱太極，凡此皆以規範太極之性質。〔註4〕何以各家對「太極」一詞有如此多而不同的定義？而其實「太極」一詞本身，亦只是在討論萬有最後的共通之理（特性）時，一個「假借之詞」。元吳澄太極為何？就說：

> 太極者，何也？曰道也。道而稱之曰太極，何也？曰假借之辭也。道不可名也，故假借可名之器以名之也，以其萬物之所共由也，則名之曰道，道者，大路也。以其條派縷脈之微密也，則名之曰理，理者，玉膚也。皆假借而為稱之也。真實無妄曰誠，全體自然曰天，主宰造化曰帝，妙用不測曰神，付與萬物曰命，物受之曰性，得此性曰德，具於心曰仁，天地萬物之統會曰太極。道也，理也，誠也，天也，帝也，神也，命也，性也，德也，仁也，太極也，名雖不同，其實一也。極，屋棟之名，……而凡物之統會處，因假借其義而名為極焉。……道者，天地萬物之極也，雖假借極之一字，強為稱號，而曾何足以擬議其髣髴哉！故又盡其辭曰太極者。〔註5〕

太極與道、理、誠、天、帝、神、命、性、德、仁皆是假借其義來描摹萬物本體之特性。何以如此？因本體是萬物最後共通之理，西方哲學稱為「存有」或「有」，「有」的觀念的內涵既是最狹窄的，其外延則是最廣的，「有」的觀念是最貧乏及最不確定的觀念，很明顯的，我們無法給「有」下一個嚴格的定義。所有對「有」的解釋，都屬於「類比性的」。〔註6〕故說太極是理，是氣，是誠，是心，是可以同時並存，並不相違背。宋儒談太極，並未有說太極是理，即否定太極是氣的，反之亦然；只有「理先氣後」，或「氣先理後」之爭。這是對理論次序的優先性的觀點不同。朱震對太極就有多種解釋，我們必須由這些解釋之中，尋繹出他對本體的看法，及其優先秩序。

〔註4〕參考唐君毅《中國哲學原論》導論篇，〈原太極〉上中下，頁399～499。（學生書局，73年1月6版，台北。）

〔註5〕吳澄，見《宋元學案》卷九十二之〈草廬學案〉。此條今移於〈濂溪學案〉太極圖說後。

〔註6〕曾仰如先生《形上學》第一章〈形上學的意義〉中，說：「『有』的觀念雖可適用於所有存在物，但其意義確非完全相同，亦非完全不相同；在某種觀點下看，其意義是相同的，在另一觀點下看，其意義則不同。易言之，有的觀念是『類比性的』（Analogous）」。（商務印書館，80年2月增訂3版，台北。）

第一節 氣化之根據——太極

朱震論太極，主要繼承張載之說，以太極為氣，是氣之本體。狀此氣之本體，又有「太虛」、「太和」之稱，來表示作為氣化本體的不同義涵。另外，朱震也用「中」來狀太極之性，其中涉及價值理想，將於下文討論人道論時再談，本節將討論太極作為氣之本體有何義涵。

朱震言太極，首先反對王、韓之注以無稱太極，他說：

> 太極非无也，一氣混淪未判之時也。〔八五六〕

> 至隱之中，萬象具焉，見而有形，是為萬物。人見其無形也，以為未始有物焉，而不知有物者實根於此。今有形之初，本於包胎；包胎之初，原於一氣，而一氣而動，絪縕相感，可謂至隱矣。〔九〇七～九〇八〕

他認為太極非无，人不可因其無形，謂之無「有」。其實朱震對王、韓之意是有誤解的，王、韓援老子思想中的「無」以稱太極，並非就否定了客觀本體的存在，所謂「有生於無」，即「有以無為其邏輯的根據。有之極非是順有之串而追溯。順有之串而追溯永是限定之有，而不能有一非有之無（即無限定的無）。故有之極實由明其邏輯理由而為異質之跳躍，故得一無稱之稱，非有之無，而為太極。」〔註7〕《老子》二十五章言：「有物混成，先天地生。寂兮寥兮，獨立不改，周行而不殆，可以為天下母。」則足以說明道家並不否定有客觀本體的存在。

朱震認為太極雖是至隱不可見，其實萬象具焉，皆原於一氣。太極便是這一氣未判之時。雖然一氣未判，無形可見，但其絪縕相感而動，聚而成形，卻是可經驗得到的。可經驗到的，應屬形而下；超經驗的，才屬形而上。如此一來，太極就變成形而下的，既為形而下的，如何為本體呢？其實以「超經驗」和「經驗界」的，來畫分「形而上」或「形而下」，這是西方形上學的說法，《易傳》中只以「道」和「器」來規定之。關於「形而上者之謂道，形而下之謂器」一句，如何解釋，實亦各自為說。〔註8〕朱震解釋為「形而上者之

〔註7〕牟宗三先生《才性與玄理》，頁110。

〔註8〕參考王邦雄先生《老子的哲學》序論，頁2～4。王氏提到諸家對形而上與形而下之理解不同，孔穎達解為：自形外而上者，自形外而下者；張載以有形、無形別之；朱子便不贊同，戴東原則解為形以前、形以後。易傳此言在歷代思想家的注疏中，皆各就己學加以二分。並由訓詁學的角度，去分析歷代之

謂道，變通也；形而下之謂器，執方也。」又說：「變通一也，離而言之則二，今天地之化，一息不留，聖人指而裁之，則謂之變。……晝夜相推為一日，寒暑相推為一歲，剛柔相推為一卦，推之則通，故曰推通，故曰推而行之謂之通。」〔五五九～五六〇〕則所謂道，即天地之交感化育，推行旁通；亦即一氣之相感而動。故就氣之變通言形而上，氣之聚而成形曰形而下，如此，氣則兼該形而上與形而下二義。然而氣之流行，非只在形而下之物上，仍是有一超越的依據，朱震稱為「太虛」。「太虛」一詞，初見於《莊子‧知北遊》，但被當作思想上的重要概念使用，則始自張載。〔註9〕朱震曾自云其學「和會雍載之論」，但實未如張載大量使用此概念。朱震說：

> 氣何從乎生？曰太虛者，氣之本體；人，容也（按：當作客）。動則聚而為氣，靜則散而為太虛。動靜聚散，有形無形，其鬼神之情狀乎？〔九一一〕

太虛是氣之本體。就本質而言，太虛即氣；太虛與氣之差別在於存在之狀態不同，太虛是氣之發散，氣是太虛之凝聚。又說：

> 陰陽者，太虛聚而有氣也。〔六〇六〕

當太虛之時，未有陰陽之別，動則聚而為陰陽之氣。總之，太虛是表示一氣之清通，寂靜，陰陽合一的狀態；氣則為太虛感動凝聚的狀態，有陰陽兩種形式。朱震又說：

> 夫易廣矣大矣，其遠不可禦矣，然不越乎陰陽二端，其究則一而已矣。一者天地之根本，萬物之權也，陰陽動靜之源也，故謂太極。〔四〕

天地生化之形式，可以陰陽蓋括之，但並非說天地之間即存在陰陽兩種氣，究其根源只是一氣。陰陽是太極一氣變動流行之後加上去以分別不同的形式，就如動靜、幽明、鬼神、聚散、闔闢等。所以我們也不能說有形而上和形而下兩種氣，盈天地間只是一氣。朱建民先生論張載之太虛與氣時說：

> 氣乃一名兼三義，即存在義、流行義、作用義。如果我們確定太虛與氣在本質上屬於同一類，則太虛亦當具有此三義。不過，比較起來，流行偏就氣化而言，則氣之流行義特重，太虛之流行義則不彰。

注疏，發現皆有滯礙不通之處，並將「而」解為「往」，代表一種動向，生命的動向。（東大書局，72 年 9 月 3 版，台北。）

〔註9〕朱建民先生《張載思想研究》，頁 59。（文津出版社，78 年 9 月，台北。）

> 張載強調的無寧是太虛之存在義與作用義。就存在義而言，張載強
>
> 調太虛雖是無形，但此無形絕非不存在。就作用義而言，張載強調
>
> 太虛之虛而善應的本性，更由此而說氣化之相感不已。〔註10〕

如朱氏之論，朱震所言太虛亦強調其為本體之存在義與作用義。至於就本體之流行義而言，朱震稱之為「太和」。關於「太和」，朱震僅在注〈乾彖〉「保合太和，乃利貞」下說：「太和者，相感絪縕之氣，天地之所以亨也。」〔二九〕張載《正蒙・太和》曰：

> 太和所謂道，中涵浮沉、升降、動靜、相感之性，是生絪縕、相盪、
>
> 勝負、屈伸之始。〔註11〕

由此知，太和是用以形容本體流行之最和諧的狀態，太和涵有一切氣化流行時，陽氣輕浮而上升，陰氣重濁而下降，陰靜陽動相互召感之性。因具有此性，才能產生相互感應，相互推盪，相互勝負，相互屈伸的種種變化形式。而太和非變化流行之形式，而具有變化流行之性能，這兩種性能即是乾坤之德，故曰「乾坤之動，陰陽之變也」。〔五二九〕而這性能為太極本身內在自有，非由外加，所以能為一切氣化流行之根據。

因為作為本體之太極，本自兼具有太虛存在、作用之性，及太和流行之性，故能成為氣化流行所以然的根據，而氣化流行也因此而得到了可能的保證。

第二節 氣化之實然

在氣化天道思想中，氣化的活動方式是非常重要的，朱震用「陰陽」、「五行」來描述其活動方式及萬物生成的原理。在張載氣化思想中很少提到五行，這部分可能繼承了周濂溪〈太極圖說〉的思想。朱震說：

> 太極者，陰陽之本也；兩儀者，陰陽之分也；四象者，金木水火土
>
> 也；八卦者，陰陽五行布於四時而生萬物也。故不知八卦則不知五
>
> 行，不知五行則不知陰陽，不知陰陽則不知太極。人孰知太極之不
>
> 相離乎？不知太極則不可以語易矣，故曰易有太極。〔九〇八〕

〔註10〕朱建民先生《張載思想研究》，頁 67～68。
〔註11〕《張載集》，頁 7。

在此，顯然朱震有意將「易有太極，是生兩儀，兩儀生四象，四象生八卦」此段，然釋成太極生陰陽，陰陽生五行，而後陰陽五行生萬物的過程。這其中太極如何生陰陽？陰陽如何生五行？五行與四象如何關聯？及最後陰陽五行布於四時而生萬物如何解釋？皆當詳論之。

一、太極生陰陽

朱震注「生生之謂易，……陰陽不測之謂神」說：

> 陽生陰，陰生陽，陽復生陰，陰復生陽，生生不窮，如環无端，此之謂易。太極不動，則含兩儀，動而生陽，一太極兩儀而成象，此天所以三也。靜而生陰，陰配於陽，猶形之有影，故兩。剛柔男女而效之，法此地所以兩也。成象者健也，此之謂乾；效法者順也，此之謂坤。……陰陽變化，不可測度，此之謂神。〔五二八〕

何謂陰陽？唐君毅說：

> 所謂物之性，實只有物之呈現其所能或作用而見。而凡物之呈其所能與作用處，無不有化於物之舊形，而有成於物之新形。其有化於舊形之處，即舊形由之而入，而隱，此即名之曰陰。其有成於新形之處，即新形由之而出，而顯，此即名之曰陽。然此有化於新形（案：新當作舊），與有成於新形之二事，恆相續無間，而更迭以起。〔註12〕

則所謂陰陽，即存在於相續兩物之間的作用，化於此者為陰，成於彼者為陽。陽化而為陰，陰生而為陽，此即生生不窮。就其歷程而說，則是一氣化流行。而陰陽這兩種作用，源自於太極。太極不動，則含兩儀；這兩儀就是能至健的乾德，和至順的坤德。至健之乾德，動而感之為陽；至順之坤德，靜而應之為陰。就其成象而言，一太極兩儀，為三；就陰陽兩性相對言之，一感一應，一施一受，則為二；就其相續之歷程而言，則不能說一陽先於一陰，或一陰先於一陽，陰陽變化，方生方死，方陰方陽，方陽方陰，如環无端，不可測度，就其流行謂之道，就其不測謂之神，就其一謂之太極。

又如唐君毅所說：

> 剋就一物以論其作用與功能，則又見一物之復能兼具陰陽之德。此乃由於物之凡能放散、施發、創新、以善始者，亦莫不兼能收歛、

〔註12〕唐君毅《哲學概論》下冊，頁63。

接受、承繼、以善終。…。而一物之有任何活動者，莫不可轉化出
似與之相反而實相補足以相成之活動，由此一物之自身，即兼具陰
陽之一太極。〔註13〕

所以就任何一物之生、長、毀、壞之任一活動而言，皆為一陰一陽相續的流
行，且這陰陽之德可自一物自身之變化透顯之。故即一物之體可見陰陽流行
之用，而陰陽流行之用源於一物自身，此朱震所謂「體用一源」。

　　由此推之，任何事物之活動本身，皆兼具一陰一陽之對立性與流行性。
此思想，可廣泛用以解釋各種宇宙事物之抽象的存在範疇之相對，及兼存在
範疇與知識範疇之有無，以及人生價值理想上之範疇。〔註14〕則此一陰一陽
又兼有普遍性及存在性。一陰一陽不僅是現象界的，而且是形而上的。故推
其生化流行的第一步驟則是「太極生陰陽」。

二、陰陽生五行

　　〈繫辭傳〉裡只有陰陽的觀念，並未雜有五行思想。而其中「兩儀生四
象」的四象，最早的意思應指四時而言，並沒有太陽、少陽、太陰、少陰的觀
念，將陰陽分而為四，以與春夏秋冬相配合，可能出於董仲舒。至於將四時
配五行，則始於《呂氏春秋·十二紀首》；在此之前，鄒衍已將五行由原先代
表五種物質抽象為代表五種原素。到了董仲舒更以「氣」及「陰陽」、「五行」
來表示天之構造，《春秋繁露·五行相生》說：「天地之氣，合而為一；分為陰
陽，判為四時，列為五行。」但此時陰陽與五行仍屬並列的關係，尚未一貫
之。至班固《白虎通》，才將五行納入于陰陽統貫之內，以五行作為陰陽分化
的五種形態，在傳承中補了仲舒所留下的漏漏。〔註15〕

　　這種氣化宇宙論的形式為宋儒所繼承，周濂溪、張橫渠皆有相似看法。
唯宋儒言陰陽、五行只作為宇宙生化萬物的氣化過程及形態，與董仲舒以陰
惡陽善、五行為孝子忠臣之行來規範天的性質〔註16〕，因而建立一絕對性的

〔註13〕唐君毅《哲學概論》下冊，頁134～135。
〔註14〕唐君毅《哲學概論》下冊，頁135～138。
〔註15〕參考徐復觀《兩漢思想史》卷二，〈董氏的天的哲學之一〉，頁371～384。
〔註16〕董仲舒以陽善陰惡來規定天道之性，他說：「天道之常，一陰一陽，陽者天之
　　　　德也，陰者天之刑也。」（〈陰陽義〉四十九）「惡之屬盡為陰，善之屬盡為陽，
　　　　陽為德，陰為刑，刑反德而順於德，亦權之類也。……是故天以陰為權，以
　　　　陽為經，陽出而南，陰出而北，經用於盛，權用於末，以此見天之顯經權隱，
　　　　前德而後刑也。……陽氣煖而陰氣寒，陽氣予而陰氣奪，陽氣仁而陰氣戾，

倫理，並不相同。朱震亦是將五行是為氣化流行的五種形態，他說：

> 五行乾兌為金，坤艮為土，震巽為木，為坎水離火不二，中不可以
> 為二故也。天積氣而為金者，以位言也，兌位西，乾位西北；自東
> 言之，震木生離火，離火生坤土，坤土生兌乾金，兌乾金生坎水，
> 艮止也，土也，萬物之終始。〔八九〇〕

由「天積氣而為金」，我們可以推說，朱震以五行為氣，他亦嘗說：「五行即陰陽二端也」，〔九一二〕陰陽為氣，則五行為氣可知也。然而朱震非單純的說陰陽五行，他與其他言象數易學者相同，欲將五行與八卦兩系統相合，這又造成許多困擾。如此段，先以八卦納入五行；次將五行相生之序，與八卦方位合說。我們皆知，五行相生之序為，木生火，火生土，土生金，金生水，水生木，乃一環形排列，不能間斷。但若合以八卦方位，則自震木生離火，離火生坤土，坤土生兌乾金，兌乾金生坎水，至此尚合；但坎水不能生艮土，艮土亦不能生震木，朱震以此為萬物之終始，實則止於終而不能復始。同樣的矛盾，在朱震批評孔穎達「兩儀生四象」時，說「金木水火有形之物，安得為象哉？」〔八五三〕這皆是朱震一方面以五行為氣化之形態，一方面又仍保有將五行視為物質性的分類系統，所造成理論內部的衝突。

不論如何，朱震確實將五行視為氣，且為陰陽所生。在朱震的生化思想中，他喜用「分」字解釋「生」的觀念〔註17〕，如「太極者，陰陽之本也；兩儀者，陰陽之分也」，「天地分太極，萬物分天地」，「兩儀四象分太極之數」。此亦體用一源之思想，兩儀四象皆太極自身之開展，即陰陽五行皆一氣之流行。如此，陰陽為一物活動的兩種作用或功能，則五行即一物活動的五種作用或為相續的歷程。關於此觀念，唐君毅有通透的解說：

> 中國思想中之五行之論，乃由陰陽之觀念開出。其以生剋之義為
> 主，……即為選自然界之五物：金、木、水、火、土——而於其中，
> 設定認一物為中心，以其餘四者，分別為能生之者，其所生者，剋
> 之者，與所剋者——以表狀象徵此一切事物之在此相生相剋之範疇
> 中之說。……如以五行表示一事物之五段，如初生（木）、生盛（火）、

___

陽氣寬而陰氣急，陽氣愛而陰氣惡，陽氣生而陰氣殺」（〈王道通三〉四十四）
又以「五行者，乃孝子忠臣之行。」（〈五行之義〉四十二）

〔註17〕朱伯崑先生《易學哲學史》，中冊，頁370。朱氏說：「值得注意的是，朱震此
處，以『分』字解釋『是生兩儀』之『生』，表示太極自身涵有天地之象，其
散開則為天地，此即『天地分太極』。」

盛衰之際（土）、衰（金），衰極而化，及終（水）之一歷程，則吾
人亦可說其由始生至或為一「自生」或「生之者之助使之生」之歷
程；而由盛至衰極而化，為「自剋」或「剋之者促使之化」之歷程。
〔註18〕

五行的觀念最早可不與陰陽相關（前文已論），但若將五行以陰陽統貫之，作
為一事物之生化歷程而言，此解釋是可接受的。而朱震亦有類似之說：

一元之氣，變為四時，人自嬰兒、少壯、老耄、死亡，亦止於四變。
〔九〇二〕

其中若加一代表盛衰之際的「中年」，則四時即五行也。故朱震由一氣流轉生
化之觀點而言，「兩儀生四象」即「陰陽生五行」。

三、生化萬物

一氣流行，由太極而生陰陽，陰陽而生五行，最後陰陽五行布於四時而
生萬物。朱震對萬物生成之過程有一段描述：

聚而為有，生之始也，散而入无，生之終也。始終循環，死生相續，
聚散之理也。……乾兌金也，震巽木也，坎水離火也，坤艮也土。
乾震坎艮陽也，坤巽離兌陰也。陰陽之精，五行之氣，氣聚為精，
精聚為物。得乾為首，得坤為腹，得震為足，得巽為股，得坎為耳，
得離為目，得艮為鼻，得兌為口。及其散也，五行陰陽各選其本。
故魂陽反於天，魄陰歸於地。其生也，氣日至而滋息；物生既盈，
氣日反而游散。至之謂神，以其申也；反之謂鬼，以其歸也。陰陽
轉續，觸類成形，其游魂為變乎！〔五二二～五二三〕

朱震先說明萬物生化之理，乃是一氣之聚散，氣聚則有形，氣散則無形。此
本張載之氣化思想。又採周濂溪〈太極圖說〉「陽變陰合而生水火木金土，五
氣順布，四時行焉。……五行之生，各一其性。……二五之精，妙合而凝。……」
其中有關陰陽五行的思想，但很明顯的，放棄了有關「無極」的思想。而形成
單純的氣化宇宙論。萬物之生，是由一氣流行，陰陽續轉，五行順布，而五行
不僅具有流行義且各一其性。朱震更合陰陽之精（精乃氣之異稱，氣之精萃
者），五行之氣，以論物之得乾陽金為首，得坤陰土為腹，得震陽木為足，得
巽陰木為股，得坎陽水為耳，得離陰火為目，得艮陽土為鼻，得兌陰金為口。

〔註18〕唐君毅《哲學概論》下冊，頁 66～71。

此乃合八卦之為物，且於物中各部具求陰陽五行之性。陰陽五行之氣日至，為神，而生萬物；陰陽五行之氣日散，為鬼，歸於其本（太極）。再由太極流出，如此循環不已，萬物生生不息。

綜上所論，中國哲學的天道思想往往是由一超越實體提攝宇宙論而縱貫地明其生化大用的本體宇宙論。論宇宙生成的構造，若非由於科學的質測，而是憑空的臆想，無論其構造如何精密，都難脫「戲論」之嫌。在中國幾無單純的宇宙論出現，雖然漢代出現的「氣化宇宙論中心」的思想，是在天文、曆法的科學知識，及陰陽五行的思想上建立起來的；但其用意在先建立一宇宙論為中心，以其天道秩序來規範道德秩序，即認為實然的自然之理與應然的理想之理是相符應的，便是所謂「天人合一」的思想。這種思想型態與先秦儒家由「盡心知性知天」以仁與心性為中心，或由「天命之謂性」以天道性命相貫通的這兩條義理骨幹，是相背離的。這兩條路子，在宋明儒學中皆有人講，陸象山、王陽明是繼承孟子講「盡心知性知天」，周敦頤、張橫渠、程明道則是繼承《中庸》、《易傳》走天道下貫性命的路子〔註19〕，而朱震大抵是繼承周、張、二程這一路。

朱震是繼承《中庸》、《易傳》來講天道性命，其路向是自上往下，由天道而人道，尤其《易傳》中宇宙論的色彩更為濃厚，所以朱震亦花了很多氣力在宇宙論之上。但不能因此將朱震所談的「氣化宇宙論」思想，看成漢代的「氣化宇宙論中心」的思想，（案：宋代理學家所談的宇宙論思想，皆不能看成漢代的「氣化宇宙論中心」的思想。）以宇宙論來規範道德實踐，其中規定湊合的意味甚濃。而朱震及其他理學家所談的宇宙論，是經由道德的主體，作工夫修養，而觀照天地生化之神妙不測所創造出來的。所以整個宇宙論看似客觀的自然之理的流行呈現，其實是聖人真實的道德生命的上達透顯。而最後聖人的道德生命不已的創造，便與這宇宙生化的神妙不測合而為一，即《易傳》所謂「先天而天弗違，後天而奉天時」。

所以朱震的天道思想，亦應看成是一由超越實體所提攝的本體宇宙論思想。就天道思想而言，這實體是超越在上的，但若自人道思想而言，則此實體又內在於人心。這是下章所要討論的。

〔註19〕牟宗三先生《中國哲學十九講》，頁 393。（學生書局，72 年 10 月初版，台北。）

第六章　朱震的人道思想

　　朱震《漢上易傳》依經注文，故其思想常為解經所限，而顯得支離，未能充分發揮。主要見於〈繫辭傳〉注及〈說卦傳〉第一、二章注。尤其〈繫辭傳〉「易與天地準」一章注，朱震明示易之時、體、用、貞、亨、中正、成物，是了解其思想最重要的一章，茲錄其文如下：

> 「易與天地準」，天地一物不體，有違於物則與天地不相似；「與天地相似，故不違」，此言易之時也。性者，萬物之一源，知性則知天，知天則知物无非我，故知周乎萬物，知周乎萬物而不知道濟天下則過矣；唯「知周乎萬物而道濟乎天下，故不過」，此言易之體。道濟天下，酬酢萬變，其道旁行散徒，流而不反，徇物而喪己，亦過矣；故道濟天下，旁行而不流，此言易之用。道之行否有命，窮亦樂，通亦樂，不以天下累其心，故不憂，此言易之貞。安土者，所遇而安也，雖所遇而安，亦未嘗一日忘天下篤於仁者也，故能愛，此言易正而亨也。範圍者，防範之所圍，夫子所謂矩，莊子所謂大方。天地之化者氣也，氣之推移一息不留，故謂之化；善養其氣者，大配天地，不違也，不過也，不流也，雖憂樂以天下，而適乎大中至正之矩，故不過，不過者不過乎中正。橫渠謂「非也絕物而獨化是也」，此言易之中正。不過，故能盡己之性，能盡己之性則能盡物之性。曲成者，順萬物之理；成之者，非一方也，天之生物也直，聖人相天而曲成之，不害其為直，此言中正之成物也。曲成萬物而不遺，乃能无一物不體，與天地相似，與時偕行；晝夜者陰陽也，推乎晝夜之道而道之，則知幽明，知生死，知鬼神，非盡己之性，盡物之性者，不能也。〔五二四～五二五〕

朱震掌握了作易之背景（易之時），在能涵盡天地之道，體現萬物之價值。如何能盡此道呢？他自根源處體悟了萬物一源之理；若能盡己之性，盡物之性，則能知天地萬物與我為一之理。這是朱震思想的一條主脈。在有限的生命之中，如何能窮盡無限之天道，其中便有對性命窮通的決擇與對義理之貞定。而盡性窮理至命，只能表示其路向，至於工夫用力之處，就成己而言在於篤仁，成物而言在於曲成，即「道濟天下，知周萬物」。易言之，朱震認為「君子貴乎一」〔五七八〕，故合天人、合性命、合仁智（義），便成為其思想的三大要項，以下將分論之：

第一節　誠──天與人會通處

上一章曾說：朱震的天道思想是由一超越實體以提攝宇宙生化大用的本體宇宙論思想，而此本體不僅是超越在天且是內在於人，關於這合會天人的本體，朱震繼承《中庸》之思想，以「誠」規範其義涵，他說：

> 誠者，自成也。以體言之謂之中，以天道言之謂之誠，以受之於天言之謂之性。有是性則有是體，有是體則有是道，萬物皆備於我，則自成矣。其於復也，何遠之有？厚而篤實，用力於仁者也。〔二一七〕

誠者，以體言之謂之中，「夫中者，天地萬物之所共由，天地之長久，日月維斗之不息，聖人之道，亙古今而无弊者也。」〔二五七～二五八〕正示此誠无所不在，為天地萬物所共。誠者，天之道也，言天理之真實无妄，本然如此。性者，萬物一源，皆受命於天。此是由天道下貫人道的說法，說「誠」之具超越性及普遍性。但接著說「有是性則有是體，有是體則有是道，萬物皆備於我，則自成矣」。則意在人之自成其自己之誠，亦即是天地之誠；亦即萬物所共由之道。朱震又以「用力於仁」，明其工夫所在。如此，由人道上達天道，此「誠」又是內在的、主觀的。故此說誠合會天人，既超越又內在，具普遍且主觀。

分而言之，聖人由客觀天道運行的生化不測、乾健不息、真實无妄等特性，來提示人向上之道德生命。朱震說：

> 易以天地明聖人之心。以為无乎，不可也；以為有乎，不可也。觀諸天地則見其心矣。天地以萬物為心，其消也乃所以為息，其往也乃所以為來，往極而來復，則萬物生，生者天地之大德，以其所見論其所不見，天地之心其可知也。〔二一三〕

天地之心，不可執以為有，亦不可以為先，此說似有張載「一有無」的思想〔註1〕，但不明確。朱震所說的有無，並非以「有」為存在，「無」為不存在；所謂「有」只是有形、「無」則是無形，皆屬於存在的，萬物只是一氣之「存在的流行，流行的存在」，〔註2〕有形的存在，可以用眼睛看得到，無形的存在，並非沒有，只是潛存不可見，故只能「以其所見論其所不見」。這是就一氣的存在情形以論有無。另外似可就體用以論有無：則「有」是現實的流行；「無」則為流行的根源，雖是無形，非無物也，能在現實存在中表現妙用，即體用一源，一有無也。這二說皆可在前文找到根據，不再贅言。所以雖然未來不可知必有，但從過去不斷的無有相續，過去的消也、往也，而有現在的息也、來也；由現在的消也、往也；則能推知未來應能繼續息也、來也。這正是「天之所以為天者，健也，萬理一息，其行不已」〔三〇〕，亦即天地以生生之德為心。四時自行，萬物自生，天地豈有心哉？不過真實无妄的將天道呈現出來。朱震釋〈无妄彖〉曰：

> 无妄，天理也。……獨於无妄言天之命者，剛自外來，而為主於內也也。剛自外來可也，安能必其為主於內？動而健可也，安能使剛中而必應，以正而必至於大亨乎？非天命不能也，天命即天理也，非人為也。〔二一九～二二一〕

以「真實无妄」解釋誠是朱熹的說法〔註3〕，「真實无妄」其實是就道德心懷之實質言之〔註4〕，朱震以之說客觀的天理，是將形而上的天理道德化，而天理命於人，為主於內，成為人做道德實踐的一絕對保證。

其實天地生物只是法爾如此，而今以「剛健不息」、「真實无妄」屬於人道的道德實踐的語言來說明此一形態，則將一形上的境界形態，向上提昇，成為一道德形態。而這形而上的道德形態，便成為人生命向上提昇的一理想原則。當然這一理想原則須在人道中盡性，才能實現，不然亦可說是無的。所以朱震又立「誠」之道，以貫天道，他說：

〔註1〕參考朱建民《張載思想研究》，頁30～35。
〔註2〕唐君毅《中國哲學原論——原教篇》，頁87。（學生書局，73年2月，全集校校訂版，台北。）
〔註3〕朱熹《四書章句集注》，頁31。（鵝湖出版社，73年9月初版，台北。）
〔註4〕史作檉《形上美學導言——一種對於中國古典哲學之基礎性的反省》，頁78。（仰哲出版社，77年7月再版，台北。）

> 觀之道，至簡而不煩，其要在誠而已，无待於物也。……聖人嘗觀
> 諸天地也，四時本於陰陽，陰陽合而為一，一則神，神則天之道也；
> 陰陽自行，四時自運，人見其始於艮，終於艮，有差忒而已；孰為
> 此者，一也。聖人觀天設教，亦一而已矣；一則誠，誠則明，明則
> 變，變則化，不假強聒，人自服從，亦豈知所謂一哉，惟天下至誠
> 為能化。〔一八二～一八三〕

觀天地之道，至為簡易而不煩，何為簡易？「簡易者，我心所固有，反而得
之」〔五九八〕，故无待於外物，此強調其為德之主體在己也。天道不測（神
也），陰陽合一，一者誠也；天道真實，无有差忒，能順天之道以成人道，無
橫私於己身，自然易行。故聖人觀天設教，亦一（誠）而已矣，所以誠為本
體，亦是工夫。至於「一則誠，誠則明，明則變，變則化」，則是修養工夫，
成己成物之歷程，下節再談。

第二節　性命一源

　　前面講天道也好，天人之際也罷，都是一種以天盡人的方式；下面要談
的盡性知命，精義執仁，則是一種以人盡天的方式。史作檉先生說：「以天而
盡人，是一種隱含之天。而以盡人而有天，是一種顯示之天。」〔註5〕前者的
「盡」應有啟發指點之意，乃一理想境界的天，為人踐履之標的；後者的「盡」
有充分的實踐之意，而天則是道德實踐之內容。不論向上講天道、或向下言
人道，「性」為其匯集處，談心性論、工夫論皆須以知性盡性為起點。

一、性與命

　　朱震談論「性」的文字其實不多，他說：「性者，萬物之一源」〔六〇五〕。

〔註 5〕史作檉《形上美學導言——一種對於中國古典哲學之基礎性的反省》，頁91。
　　　　史作檉先生說：「然而人又如何盡其心性以知天也？則曰：若人以天而盡人，
　　　　何知其有天地？若天以天而盡人，惟天而已，何其有他？然則：惟天而已矣，
　　　　亦有人，是以于人而言，天有二則：一為隱含，一為顯示。隱含者，人以純
　　　　詩之心懷，發其大願，立其觀念，果欲追其理想于無窮盡之地也。其不加思
　　　　索，不藉其他，是之謂自然，亦誠天之謂。顯示者，人以誠天之理想，面臨
　　　　萬有，亦見諸其內，駁繁雜，歷艱困，于人于物果有所盡者，方以其歷程之
　　　　規劃之盡，而呈現嚴然實質之天之世界，亦以人之不盡反證天之實有。其始
　　　　天而已，其終亦天而已，其間即盡人物，贊參之事。即真人之事，亦人物之
　　　　事，即以隱天而顯天之謂。」（頁80～81）

這與張載云：「性者，萬物之一源，非有我之得私也。」〔註6〕意思是相同的。即說性是我與萬物所共具，且我與萬物所共具之性的根源是相同的。而這性的內容為何？何以萬物皆具此性？朱震並未明白指出，我們只能由其文字中窺知大略，他於〈說卦〉注曰：

> 易有太極，太虛也。陰陽者，太虛聚而有氣也；剛柔者，氣聚而有體也。仁義根於太虛，見於氣體，而動於知覺者也。自萬物一源觀之謂之性，自稟賦觀之謂之命，通天地人觀之謂之理，三者一也。聖人將以順性命之理，故一分而為三：曰陰陽、曰柔剛、曰仁義，以立天地人之道，蓋互見也。易兼三才而兩之，六畫而成卦，成卦則三才合而為一。知陰陽、柔剛、仁義同源於太虛則知性；知天道曰陰陽，地道曰柔剛，人道曰仁義則知命；知仁義即天之陰陽、地之柔剛則知性命之理。不順乎性命之理而行之，將何所逃於天地間乎？〔六○五～六○七〕

朱震論性乃自萬物一源說起，這是由性的來源處說起。萬物之生，得自於太虛之氣，絪縕相感，聚而有陰陽之氣，陰陽相感，聚而有柔剛之體。陰陽相感是就氣化流行而說，是由現象的生滅成毀而言，這是道的規律而不是道的本身，我們必須由陰陽變化處去體會使陰陽成為陰陽，而相續不已的神妙不測的道體，那才是萬物創生的根源，朱震說「萬物同源於太虛」，這太虛即萬物創生的源頭，由此而說萬物一源，則是肯定一切萬物存在的價值。這是自上而下的說。要能使萬物存在的價值真實的獲得保存，必須自下而上的說。朱震注〈咸彖〉說：「天地至大，感則相與，萬物至眾，感則化生。天地一氣，萬物同體，未有感而不動者也。」〔二六五〕強調「感則相與」是儒學的特色，因為能感才能創生萬物，這是由道德主體來保存萬物存在的價值，是一種道德的創生，非自然的創生。這同情共感發動於良知良能，是發生於人之自知自覺與他人或他物之間產生一種同情共感的同情心（仁）或同理心（義），起初可能只與特定的少數人有此戚戚之感，但這同情、同理之心是可經由工夫修為而擴充之，其大可以是充塞宇內無物不體。這是由下而上、由內而外、由己而人而物的說法，而此理欲成立，則必有一先決條件——任何人與物皆須先天具備此仁義之心。所以朱震說「仁義根於太虛」，即認為宇宙萬物之間擁有共同的基本情愫——仁義，見之於有形，則說「仁義即天之陰陽、地之

〔註6〕《張載集》，頁21。（漢京出版社，72年9月初版，台北。）

柔剛」。這段簡單的說，言陰陽、剛柔、仁義同源於太虛，是說「萬物即一」，是為萬物之性無不相同之可能尋一形上根據；說「仁義即天之陰陽、地之柔剛」，是謂「一即萬物」，而「以人而用天地」即在說窮理盡性的可能仍在於人。

性是自萬物一源觀之，命是自稟賦觀之，則性命之別，乃在於授受之際，天之授於人曰命，人之受於天曰性。朱震說：「人之生有氣之質，有性之本；剛柔不齊者，氣也，性之本則一而已矣。……氣豈能變哉？天地萬物其本一也。」〔五八二〕「命者剛柔不齊，稟於有氣之初也。」〔六○五〕性與命之內容是相同的，若刻意區分，朱震認為人的本質皆是相同，言「性之本則一」，此有類張載言「天地之性」；但就現實存在言，則人皆各異，即氣之質剛柔不齊，就此說命之有別，此則類張載言「氣質之性」。但張載分人性有「天地之性」、「氣質之性」，易造成人性二元的誤解；朱震以「性之本」、「氣之質」代之以說明性氣（命）之異，其實就是本質與存在之間的分別，言性則較重本質的相同，言命則較重存在的差異。歸結他說「性源同而分異，命稟異而歸同。」〔三○〕

二、盡性成性

盡性成性的內容，當然是指一陰一陽，神化不測，通體無礙之天地之性；能盡性成性的主角則是人，基本上，亦只有人有盡性成性的可能。人何以須盡性成性？性就本體論言，性是固有的，自存的，朱震說：「性自成也，豈人為哉」？但本體的性只能說潛在的自存，唯有人能實現之；然此能實現的主體卻有來自先天與後天的限制，使之不能盡，而有做道德實踐工夫之必要，才能成全此性。

所謂先天的限制，指的是剛柔不齊的氣之質，朱震說：

> 夫性无有不善，不善非天地之性；剛柔之氣或得之偏，乃有不善。有不善然後善之名立，善不善相形，然後命之也。善反其初者，不善盡去，則善名亦亡，故舍曰善，而成之者性也；性自成也，豈人為哉？性即天地也，所謂誠也。〔五二六〕

此段大意是說：就天地之性而言，是沒有「不善」的；「不善」非天地之性的特性。這其實是就本質而說。一物除了「本質」之外，還有「存在」。故就存在而言，人或得剛柔之氣之偏，受氣質之限，才會做出不合於倫理的不善之

事，有不善之名，然後有善之名立；因善與不善的相對的存在，然後定名之。擅於反其本者，能使不善之事盡去，則善之名亦相對而去，相對的善與不善之名盡去，則絕對之善之善名亦可以捨去，而所成全者只是性；性是自然天成，豈要人偽之乎？性就是自然如此，所謂真實无妄啊！

　　而後天的限制，則是指「習」，朱震說：「不善非性也，習也。」又說：「知修為之功，則復其本矣；由其習之不已，迷而不復矣。」〔五八一～五八二〕由於先天氣質的遮蔽，又有後天環境不斷的薰習束縛，使人迷失在這些先天後天的氣習之中，更以此為人性之真實而本來如是。

　　朱震說：「性命於德，氣之昏明不足以蔽之，至於盡性而配天地矣」。〔六○七〕又說：「成性者，存其所存，……夫萬物皆備於我而存，所存者何也？去人欲而天理存也」。〔五三○〕如何超越氣質的障蔽，去除人欲的薰習，以復其性之本，存其天理，便成了朱震成德修養的一大方向。此已涉及工夫，下節再論。

三、盡性至命

　　盡性者，是於現實存在有遮障的氣習之中，充分踐履潛存的天地之性。不論性之本或氣之質，皆天之命於人，故亦可說有所謂「性命」與「氣命」之別。性命之現實客觀的表現即是道德義理，所謂「理者通乎道德性命而一之者，義者道德所施之宜也」。〔六○五〕氣命即存在的生死夭壽，亦可引伸為後天之富貴貧賤、吉凶禍福、窮通得失。而所謂至命，則是於先天後天存在的種種命限之中，去推至道德性命之所當為者。換言之，盡性即是至命。朱震說：

　　　窮易之理則知萬物一源，兼體而不偏滯，及其至也，通極乎一氣之
　　　外，所不可變者，唯生死夭壽爾。故順受吉凶之正，不回以求福，
　　　不幸以免禍，此作易之本旨也。〔六○五〕

此段說明作易之旨，在於窮理盡性以至於命。窮易之理，在明一陰一陽之道；盡性，則知萬物皆源於太虛，順受天命以生，各正其性命。窮理即盡性，盡性即至命，三者一也，一舉則皆至，非有先後也。只是窮理、盡性較偏於客觀的天道，而至命則重於主觀的人道。談理、論性，一定要落實於命限中求安頓，故須言命。於命中窮理盡性，及其至也，唯生死夭壽是不可變者，其餘氣命皆是可不受限制的。此非謂能超脫於吉凶禍福之變之外，而是在現實生命中雖有吉有凶，但無命非正也，端視吾人能否順受其正。亦即雖有種種限制，

或富貴、或貧賤、或困逆、或通達，君子不以為命；而視在此限制中，有義之所當為者，或當見、或當隱、或當兼善、或當獨善、或當求生、或當取義，此君子之謂命也。順此天之所命於人者，唯以義堅固守正，因順境而得其所求，固是受命之正；不幸遭禍，亦能安受此命之限制，不違理犯義，亦是行義以順命之正也。﹝註7﹞正所謂：「安其義命，一以貞勝，吉凶不能動，何累之有」。﹝五六五﹞

第三節　合仁智

　　無論是自誠、盡性，皆歸結於「復本」，其用力處是在心上下工夫。朱震言心的文字極少，但他亦承認「人之所以異於萬物者，以其存心也」﹝五八七﹞，且只要人反求諸己，本心可得，此乃承自孟子盡心存心之教。而其具體下手處：一方面由復本去欲下手，理論上，將有為惡可能的人欲去盡，剩下的自然是一真實无妄，廓然大公之心。但這只是消極的撤除人我的藩籬，顯露人我同情共感的仁心，這一步的豁醒固然重要，但只是初步，若無擴而充之之功做保障，總嫌掛空。故另一方面則需自強不息，精義熟仁，這應當是儒家生命修養的樞義所在。這當然要以覺知之功為基礎，知人心皆本有仁智之性，體現乾坤之道，含容創生，一面「知周萬物」，一面「道濟天下」；一面「知以藏往」，一面「神以知來」；一面「精義入神」，一面「利用安身」，合仁智之功，以創盛德大業。朱震便說：「仁者見其物濟天下，得易之體也，故謂之仁；智者見其旁行而不流，得易之用也，故謂之知。…君子之道，仁智合，體用一，兼體陰陽而無累，通乎晝夜之道而知，故君子之道鮮矣。君子者具仁智之成名，得道之大全者也。」﹝五二六﹞關於此，則又可分為「知幾積善」，「精義熟仁」兩方面來討論。

一、復本去欲

　　「復本」者，反回其誠體也，「是道也，在聖人為德業，在天地之用為易，在易為乾坤」。﹝五二八﹞乾坤之道盡乎易簡，乾之德剛健純粹，施仁育物而已，故曰易；坤之德收嗇閉藏，順陽成事而已，故曰簡。﹝註8﹞乾之德，至健

﹝註7﹞唐君毅《中國哲學原論》，頁526。
﹝註8﹞黃壽祺、張善文《周易譯註》，頁530，引尚秉和《周易尚氏學》。（上海古籍出版社，1990年2月3版，上海。）

也；坤之德，至順也，健順之德受命於天，內在乎己，反求諸身而已。朱震《叢說》曰：「反觀吾身，乾坤安在哉？蓋善端初起者，乾也；身行之而作成其事者，坤也。人皆有善端，不亦易知乎！行其所知，不亦簡能乎！」〔八八六〕善端，人之異於萬物，人性之本，我心固有，反而得之，至為平易無難；創生不已，晝夜不息，不亦健乎！行此善端，作成善行，率性而行，順承不止，不亦簡約而有功乎！其踐德則「有親」、「有功」，其日行發行則「可久」、「可大」。

能知有善性且率性而行，此為一理想狀況；人生而有心有形，心之所之，無遠弗界，形之所趨，有向有限，這種必然的限制，往往是造成一切痛苦的主因，也是人類求成德或超昇解脫的場所。而朱震言復本，便是正面的揭示成德的方向，而「去欲」則是由反面來掃除成德的障礙。雖如此，欲與性可以同視為人生而有且無法根除的，性是成德的根源與理想，欲則為動力。所以儒家對欲之處理，向來只主張減損、節制，非完全去除，即使去欲也並非等於成德，觀《論語》憲問篇：「克、伐、怨、欲不行焉，可以為仁矣？」子曰：「可以為難矣，仁則吾不知也。」〔註9〕則可知矣。換言之，懲忿窒欲對於成德而言，只能算是必要條件，而非充分條件。然而後來受道釋兩家的影響，去欲變成了儒家成德的主要主張，使人連帶的漸漸失去創新的動力。陳師郁夫評論周濂溪思想之缺陷時，關於濂溪將「主靜」與「去欲」連言，所造成的對儒家思想之傷害，有一段精闢而令人深思的話，其文曰：

> 儒家之學「內聖」與「外王」一貫，「主靜」「無欲」的內聖修養，
> 修養不出像孔孟那樣具有救世熱忱的聖人。「濂溪學」陽儒陰道，後
> 世儒者大都如此，所以儘管人品高潔，服務社會，改革創新的能力
> 總是不足，只能成為專制帝王下的空有理論的順臣。〔註10〕

朱震對欲的看法，常將人欲與天理對言，雖非主張完全去欲，觀其〈損〉、〈節〉兩卦注可知。〔註11〕但其以人欲為惡，必去之之意甚明。幸而朱震並不倡言主靜，而代之以「知幾積善」、「精義熟仁」，稍可避免濂溪學之缺失。

〔註 9〕朱熹《四書章句集注》，頁149。

〔註10〕陳師郁夫《周敦頤》，頁84。

〔註11〕〈損象〉曰：「損之以正，是以无咎。自古有損之太過而人情不安，或損之不
　　　　及不足以為損；暫行復止，人不與之，其使不正，其終安得无咎？」〈節象〉
　　　　曰：「凡物過則苦，味之過正，形之過勞，心之過思，皆曰苦，苦節則違性情
　　　　之正，物不能堪，豈道也哉？」

二、知幾積善

「誠」、「性」皆可說是道德的本體,道德的本體一定要透過道德意識的覺醒與道德實踐才能充極圓滿,即體於用顯。朱震以為君子則「用利而身安」,小人則「志在於得」,其分別處在於能否「義之與比」。則「精義」便成為成德致用的要件,然「精義」之本還在於「知幾」,故知幾可說是道德實踐的基本義,是聖功之本。朱震說:

> 自古一敗塗地,殺身不足以塞其責者,本於不知義而已。神難言也,精義入神以致用,其唯知幾乎!「知幾其神乎」!「幾者,動之微,吉之先見」。譬諸陽生而井溫,雨降而雲出,眾人不識,而君子見之也,不亦有餘裕乎!夫安危存亡之幾,在於始交之際。君子上交不諂,下交不瀆,義之與比,無悔吝藏於其中,知幾故也。是以君子見微已去,小人遇禍不知,見與不見相去遠矣。進此道者,存乎介而已,確然守正,不轉如石者,乃能見之。其心定,其智明,默識而善斷,故不俟終日也;守身如此,无一朝之患矣。知彰易,知微難;知剛易,知柔而剛難;君子見幾,故知微知彰,知柔知剛,一龍一蛇,或弛或張,唯義所適。〔五八○~五八一〕

朱震所謂「幾」,指的是「安危存亡始交之際」,其實即上所謂天之所命於人之種種境遇。因此「幾」有現象存在的意義。而知幾之知,除了心定、智明去默識此天命之安危存亡外,更要緊的是要能「善斷」。憑何而斷?「君子上交不諂,下交不瀆,義之與比」,義正是憑斷的準則。則知幾除了靜觀此幾之外,更有道德實踐的意義,且為道德實踐的第一步。幾既是「安危存亡始交之際」的現象,幾是非善惡的;知幾是通此幾於義,始之歸於善。其實知幾是將用於體上心上下功夫,要「存乎介」,能「確然自守,不與物交」;〔五二一〕物交物則引之,將有陷泥於物欲,墮落於惡之可能。故要人唯義所適,亦即「叫人於天理人欲間斷然判個清楚,立刻順從天理良知」。〔註12〕

「知幾」是將用於體上心上下功夫,已是即體即用,但儒家成德的目標要「止於至善」,所以《易傳》更強調「自強不息」的積累之功。故朱震言「知幾」,亦要人「積善」。朱震說:「精於義者,豈一日積哉?彼積不善以滅身者,不知小善者大善之積也(案:疑當作『大善者小善之積也』)」。〔五八○〕「知

〔註12〕陳師郁夫《周敦頤》,頁58。

幾」而「積善」是理上之必然，正如「明明德」之必「新民」，君子不欲身安且要利用保國，家國保則德可謂崇矣。

三、精義熟仁

朱震說：「夫致用在於精義，義則无決擇，无取舍，唯其宜而已，精一於義，則進而入於不可知之神。……窮神之所為則知化矣，德盛自至焉。」〔五七九〕學不致用不足以謂之學，故君子之德貴乎致用；致用在於精義，精義者，就每一剎那之權衡得宜，使天理良知能當幾呈現而言。所謂致用，於易而言，特別指的是，「度內外之際，而觀消息盈虛之變，出處進退之理，使知戒懼，當出而入，與當入而出，其患一也」。〔五九一〕於此一方面則必須要「乘屈信之理」，一方面必須精於義理。屈信之理，象數易也，用也，智也；義理者，義理易也，體也，仁也。象數義理合一，合仁智，體用一源，朱震易學所倡言者。而道濟天下，精義行仁，必輔之以能曲成萬物而不遺之智。若以精研義理易為內聖之功，則象數、圖書易學之研究，因是先人欲智周萬物的企圖，故合二者而深究之，殆不失易道之廣大悉備，幽深精微。

精義是當下仁心的發展，處事得宜，這是頓覺的工夫，儒家不僅要仁心是「日月至焉」，甚至「三月不違仁」，更要作到在造次顛沛、終食之間「我欲仁斯仁至矣」。故精義是求德之質，熟仁則責德之量。仁義非有二本，盡義是由反面的禁民為非，行仁則是備物致用，利成器以為天下利，一皆本於仁心也。故朱震特別強調「不仁不足以參天地」，「物无非我，故神明之德可通，萬物之情雖眾而可類，其道至於一以貫之，……一者仁也」。〔五六八～五六九〕聰明睿智，故可以不蔽於私欲，但若不以神武不殺之仁為本，至於開物成務，化民成俗而後止，則可以為清靜無為之道家，不足以與儒家之精神相契合。

第七章　結　論

　　就易學本身的演進，朱震易學所針對的問題，是王弼盡去漢代象數之學，援老莊玄理入易，造成「儒者專尚文辭，不復推原大傳，天人之道自是分裂」，這是朱震對易學發展的憂患。故其學以象數為本，而象又先在於數，他提出「有是時必有是象」的主張。這代表他肯定象數之學的立場，但非朱震易學的全部。一般談易者多以義理易為主脈，視談象數易為歧出，在當時談易學，自然也是以程頤《易傳》所代表的儒家義理易學為代表。但北宋易學中，另有一新興的學說，即所謂圖書易學，其實廣義的說，圖書易學亦可看成象數易學的一種，而圖書易學藉著幾個簡單的符號與線條所蘊含的涵義更多更廣，而且因為更抽象，所以形而上學的意味更濃厚，這用來談天道變化，天人之際的思想更是適合。朱震大概看上這點，便將北宋著名的易學家全給繫聯在圖書易學的系統下，如此既承繼了易圖學這個新學的大成，也以此來吸收前代的象數之學。也因此後人評論朱震易學，都將他歸為象數派，或圖書派。然而朱震自己說其學是「以《易傳》為宗，和會雍、載之論，上採漢魏吳晉元魏，下逮有唐及今」，這不是很明白的宣示他的易學仍歸本於義理，而兼論圖書、象數。

　　朱震易學是否以義理之學為主呢？其實總結的說，朱震易學主要的觀念就是程頤《易傳》序所說得「體用一源」。他不論是談易象卦變、動爻，或易數「大衍之數五十，其用四十有九」，或河圖洛書，或窮神知化、盡性至命，皆離不開「體用一源」的觀念。朱震也以此觀念來會通邵雍、張載、程頤的思想，開南宋理學會通北宋理學思想之風氣之先。此外，朱震的太極說在體用一源的思考形式下，融合了張載的氣化思想，及「中五」變化說，形成一由太

極自身開展而成的本體宇宙論思想，在易學哲學中，亦有其特色可言。至於心性論、工夫論方面，基本上是繼承《易傳》、《中庸》窮理盡性至命、知幾精義熟仁的路子。

易之書本於占筮，自《十翼》解經，或推明易象，或闡發易義，或敘述易占，或解說易辭，或指示易用，其實《周易》經傳中，已包含象、數、義理、史證、占筮等。漢儒以降，凡說易者，無不推源大傳，或占筮災祥、推象通辭、玄理入易、圖書演則、闡發心性、參證史事；甚至援天文、律曆、醫藥、物理、數學、佛法以入易，凡此皆一時一代之學術也。學有變常，夫唯知常而後能觀變，語變而後能顯常；道有體用，代各異學，人各界辭，易道之時用也；至於推天道之吉凶，以明人事之進退，則為易道之體，研易者未曾有殊矣。《莊子・秋水》篇曰：「以道觀之，物无貴賤；以物觀之，自貴而相賤；以俗觀之，貴賤不在己」。兩派六宗，論學術發展之別也，自貴而彼賤，甚至結黨相軋，豈不陋哉？易之為書，廣大悉備，為道也屢遷，變動不居，不可為典要，唯變所適，故易道以時用為尚。朱震易學以「體用一源」之理為宗，隨時取象為法，兼攝圖、象、數、理、史、占之學，不亦詳備乎。

第一節　漢上易學之特色

朱震易學見於《漢上易傳》九卷、《漢上易圖》三卷、《易叢說》一卷，自謂「包括異同，補苴罅漏」，企圖總結兩漢、魏、晉、唐及北宋易學，其內容含盡象、數、圖、占、史證、儒理，綜前文辨析，論其易學思想特色，歸納為六點：

一、博採眾說，保存史料

朱震所著《易傳》、《易圖》、《叢說》對漢魏象數史料之保存，居功厥偉。其書博採群書，單是前代易學著作達六十餘家，取資如是之廣，茲略引如下：

子夏易傳	二十六條	易緯通卦驗	二條
孟喜周易章句	三條	乾鑿度	八條
京房周易章句	十七條	運斗樞	二條
揚雄太玄經	六十三條	是類謀	一條
馬融周易注	十一條	稽覽圖	二條
鄭玄周易注	五十三條	考異郵	一條

河洛篇	一條	宋衷周易注	四條
荀爽周易注	十五條	虞翻周易注	五十三條
劉表周易注	一條	陸績周易注	十五條
（以上兩漢代易學著作）			
姚信周易注	二條	干寶易注	二條
王肅周易注	九條	王廙易注	二條
董遇周易注	一條	韓康伯易注	六條
管輅易學	一條	孫盛易象妙於見形論	一條
王弼周易注	三十一條	關朗易傳	十七條
郭璞易洞林	二十三條	顧懽周易繫辭注	一條
蜀才周易注	二條	莊氏易義	一條
向秀易注	一條	褚仲都周易講疏	一條
（以上三國兩晉南北朝易學著作）			
陸德明周易文句義疏	二條	侯果周易注	一條
孔穎達周義正義	十條	崔憬周易探元	三條
李鼎祚周義集解	二條	陸希聲易傳	十四條
（以上唐代易學著作）			
王昭素易論	十二條	鮑極周易重注	一條
劉遵周易異議論	一條	周敦頤易通	一條
胡旦周易演聖通論	十一條	周敦頤太極圖說	
李溉卦氣圖	一條	邵雍皇極經世	十八條
劉牧易數鉤隱圖	八條	張載橫渠易說	三十八條
宋咸易訓	一條	王安石易解	一條
李覯易論	一條	司馬光易說	二條
李之才卦變反對圖	一條	蘇洵	一條
李之才六十四卦相生圖		蘇軾易說	六條
范諤昌易證墜簡	六條	程頤易傳	一百八十四條
胡瑗易傳	二條	龔原易傳	一條
王洙周易言象外傳	八條	郭忠孝兼山易解	一條
皇甫泌易解	二條	張弼易解	二條
石介周易解	二條	何氏易講疏	二條
（以上宋代易學著作）			

二、闡明易象，救王弼墮象之失

　　總持地說朱震易學，以象為本，義寓於象。天地之間，有是時必有是象，立卦變、動爻、互體、五行、納甲為基本體例，隨時取象，以盡時變。認為卦爻象與卦爻辭之間存在一定的相應關係，故推象以通辭，是朱震注易的基本態度。

三、推演易數，建構宇宙秩序

　　朱震之易數學所展現的是一有系統的生成變化的過程。其以太極之一為本體，以小衍之五為中心，開展而成一宇宙生成，由隱而顯，由象著形的過程，並將前代易學家所言及之易數，皆置於此一生化系統之中，形成一本體宇宙論的架構。這是朱震易數學之特色，其系統之完整亦為前代言易數者所不及。

四、蒐製易圖，解釋象象

　　易圖學是宋代易學新興的學問，在朱震之前重要的易圖有：周濂溪太極圖，邵雍先天圖，劉牧河圖洛書，李溉卦變反對圖、六十四卦相生圖、卦氣圖。朱震蒐羅前代易圖並繪製新圖，共有易圖四十四幅，無論在數量及種類上皆勝於前代，為後世易圖學之先導，故就易圖學領域而言，實居承先啟後之地位。就易圖內容而言，以卷上七圖次序，來表示宇宙萬物生成變化之過程，所錄七圖雖皆采自前人，但將之重新排列組合且賦予宇宙論意義，就立意而論亦屬創新。卷中、下以卦氣、律歷、律呂、天文解釋卦爻辭，雖無多新意，但為後世易圖解易之學殿基，功不可沒。

五、參證史事，明進退用人之道

　　以史事證易，自漢易已興，《漢上易傳》大量引用前代史事以明出處之道。特別喜舉漢末清議、唐末黨爭以諫高宗兼用君子、小人，尤其是君子當能容納小人，以免小人相害，終危及國家安全的觀念，深重南渡君臣之時弊。

六、歸本義理，體用一源

　　朱震自謂其學「以《易傳》為宗，合會雍、載」，其實即歸本於義理，以「體用一源」會合北宋諸家。「體用一源」語出伊川《易傳序》，是伊川易學中心思想的一種表述方式。但伊川只是將體用關係大略的運用於說明理象之間是顯微無間的，其實未廣泛運用。反而是張載思想中，不論是言氣化的天道

思想，合仁智的人道思想，皆涵有體用不離的思想。加上邵雍那種較具客觀知識意味的以物觀物的體用觀。到了朱震就以伊川《易傳》「體用一源，顯微無間」這種思考方式為宗，用以兼賅邵、張二子思想。故在朱震易學的體用思想中，除了「體用一源」的意思，也包含了「體用有別」、「體用不離」、「自有體用」、「體用無定」等意義，而其運用範圍更包含邵、張、周三子所言，如舉凡易理（天道、人事）、易象、易數皆蓋括之。在易學思想領域中，能用「體用一源」的思考方式將易理、象、數、等賅而存之，在之前無人可以并列，其後朱熹、王夫之喜言體用，為後人所重視，若以體用觀念在易學思想的發展為一主軸，則朱震「漢上易學」應有其一定之思想價值與地位。

第二節　漢上易學之評價

朱震《漢上易傳》在易學史上有何價值？透過前賢之批評，可窺得大略：

晁公武說：「（漢上易傳）朱震子發撰，自謂其學以程頤為宗，和會邵雍張載之論，合鄭玄王弼之為一。云其書多采先儒之說以成，故曰集解，然頗舛謬。」

陳振孫說：「其學專以王弼盡去舊說，雜以莊老，專尚文辭為非，是故其於象數頗加詳焉。序稱九卷，蓋合說序雜卦為一也。」

馮椅說：「毛伯玉力詆其卦變、互體、伏卦、反卦之失，謂乾五為坎，坎變離，離為飛，故曰飛龍之類，切中其膏盲云。」

魏了翁說：「漢上易太煩，人多倦看，卻是不可廢。」胡一桂說：「變、互、伏、反、納甲之屬，皆不可廢，豈可盡以為失而詆之。觀其取象亦甚有好處，但牽合處仍多，且文辭煩雜，使讀者茫然不能曉會，看來只是不善作文爾。」〔註1〕

案：以上各家多止於述其體例，或贊成，或反對，因未詳其所原由，故難以評斷。

朱熹對《漢上易傳》亦多所評論，朱熹說：「王弼破互體，朱子發用互體，互體自左氏已言，亦有道理，只是今推不合處多。」〔註2〕「朱震又多用伏卦、互體說陰陽，說陽便即陰，說陰便即陽，乾可為坤，坤可為陰，太

〔註1〕參見朱彝尊《經義考》卷二十二，台灣中華書局。
〔註2〕參見朱彝尊《經義考》卷二十二，台灣中華書局。

走坐。」〔註3〕「朱子發互體，一卦中自二至五，又自有兩卦，這兩卦又伏兩卦。」〔註4〕

案：以上三條主要針對朱震使用互體、伏卦而發，朱熹認為互體自《左傳》已有，亦贊成使用互體推象通辭，只是所推有不合處，此見仁見智，朱熹又未舉例，不得代為辨說。

朱熹又說：「漢上易卦變，只變到三爻為止，於卦辭多有不通處。某更推盡去，方通。如无妄『自外來而為主於內』，只是初剛自訟二移下來。晉『柔進而上行』，只是五柔自觀四挨上去。此等類，漢上卦變則通不得。」〔註5〕這條是就卦變說，所謂『只變到三爻為止』，朱震卦變只說到三陰三陽之卦由泰否兩卦變來，以上便不說，理由已見第二章。朱熹卦變以十二辟卦為主，自然以為不通。其中理由亦如前述。至如所舉无妄自訟來、晉自觀來，朱震乃為維持一爻變動之原則，而朱熹不知。朱熹又說：「朱震說卦畫七八爻稱九六，他是不理會得老陰、老陽之變。且如占得乾之初爻是少陽，便是初七，七是少不會變，便不用了。若占得九時，夷是老，老便會變，便占這變爻。此言用九、用六亦是如此。」〔註6〕朱震所言「卦畫七八爻稱九六」，指卦畫第七爻則復從初始，初為陽位故稱九；卦畫八爻則同二爻，是為陰位，稱六。朱熹所言是只占變而說，朱震豈不知哉？兩人所言不同耳。朱熹又對朱震易學內容之龐雜批評說：「朱子發解易如百衲襖，不知是說甚麼。以此進讀，教人主如何知曉？便曉得，亦如何用？」〔註7〕此說與前者相同，與學術思想無關，是否雜蕪，已再前文析論，讀者自有公論。

林栗著《周易經傳集解》〔註8〕，書末作六十四卦成立圖，以辨邵子、朱震反對相生之說，他徹底反對卦炊之說，認為「此乃邵氏、朱氏之易，非文王孔子之易也」，他主張八卦重為六十四卦，其中五十六卦可以反取者自然之象也，八卦不可取者亦自然之象也。林栗自以為其說本於〈繫辭傳〉，合於文

〔註3〕黎靖德編《朱子語類》卷六十七，頁1651，文津出版社。
〔註4〕黎靖德編《朱子語類》卷六十七，頁1668。
〔註5〕黎靖德編《朱子語類》卷六十七，頁1666。
〔註6〕黎靖德編《朱子語類》卷六十七，頁1676。
〔註7〕黎靖德編《朱子語類》卷六十七，頁1676。
〔註8〕《宋史》卷三九四，頁12026～12032。林栗字黃中，福州福清人，登紹興十二年進士第。栗與熹相見，論《易》與《西銘》不合。《宋志》載有《周易經傳集解》三十六卷，今存。本文引自《文淵閣四庫全書》本第十二冊，頁498～501。

王孔子，但今日而言，重卦由單卦重疊而來之說已不可信〔註9〕，十翼所言亦非即原初的意義，故林栗說「此乃邵氏、朱氏之易，非文王孔子之易也」，這話是對的，但他以六畫之卦含八卦的說法，亦為朱熹所闢。〔註10〕

納蘭成德〈朱氏漢上易傳并易圖叢說序〉曰：

> 元袁學士伯長〔註11〕謂易以辭象變占為主，王輔嗣出一切理喻，漢學幾於絕熄，堯夫、子發始申言之，後八百年而始興者也。所以推崇子發者，亦至矣乎！今則罕有刊其書以行者，可慨已。……子發之傳亦云：「時已泰矣，苟輕人才，乎遠事，植朋黨，好惡不中，不足以服人心，天下復入於否。」又云：「天地反復之際，小人必因君子有危懼之心，乘隙而動。」皆切中南渡君臣之病者。〔註12〕

此序一則肯定《漢上易傳》興漢學於將亡之際之功；一則舉其〈泰九三〉之內容，說朱氏說言多能針時弊而發。納蘭成德所言，由當時之時勢與學術境兩方面以發明《漢上易傳》之價值，綜上文觀之，是能知朱震易學者。

冒懷辛先生〈朱震的生平及其《漢上易傳》中的象數學〉一文，為近人研究朱震易學之發端，他認為：朱震起於南宋，獨標象數旗幟，雖無突出的開創，但他綜合前人象數學的成就，作了自己的闡發，今天為我們的研究保存了系統的思想史料和一定的歷史線索。他的《易圖》之多，開創了后代許多《易》學家大畫五花八門易圖的先例。〔註13〕冒氏所見亦算中肯，朱震除保存思想史料之功外，其詮釋圖象數占，闡發義理，亦有其價值，已見前文。

朱伯崑先生《易學哲學史》一書，為目前全面而有系統討論易學思想的重要書籍。他在介紹南宋易學哲學的發展時，將朱震列為調和北宋象數、義理兩派的第一人，這是繼納蘭成德之後對朱震在易學傳統中地位的肯定。又

〔註 9〕 參見張政烺〈試釋周初青銅器鏡文中的易卦〉(《考古學報》，1980 年，第 4 期)、〈帛書六十四卦跋〉(《文物》，1984 年，第 24 輯)。

〔註10〕 朱彝尊《經義考》卷二十七，引朱子曰：易有太極是生兩儀，兩儀生四象，四象生八卦，此是聖人作易綱領次第。黃中乃畫之卦為太極，中含兩體為兩儀，又取二互體通為四象，又顛倒看二體及互體通為八卦。若論太極則一畫未有，何處便有六畫地卦來兼，若如此卻是太極生兩儀，兩儀包四象，四象包八卦，與聖人所謂生者意思不同矣。

〔註11〕 袁桷，字伯長，生於宋度宗咸淳三年，卒於元仁宗延知七年。(1267～1320) 著有《易說》，已佚。見《元史》卷一七二，頁 4025、4026。

〔註12〕 見《漢上易傳》，頁 5、6，廣文書局，63 年 9 月初版。

〔註13〕 冒懷辛先生大作收錄於侯外廬主編《宋明理學史》卷上，頁 248～286。人民出版社，1984 年 4 月 1 版。

說朱震於這時期，是主張有象而後有數的代表人物；為易學史家，這是肯定他對易學史料保存整理之功。最重要的是，他認為朱震的「太極說」在易學史和哲學史上，尤其對氣學派的影響，是相當的貢獻。這點為前人論朱震易學所未見。

總而言之，《四庫提要》謂《易》分兩派六宗〔註14〕，至宋時始備，而朱震居南宋之初，復興象數之學，集圖書之大成，參證史事，調和義理，集象數圖理於一身，人謂其學龐雜，是謂此乎！其學本當為後世所重，所以不彰者，其人溫和寬厚，不立崖岸，雖為程門後學，但其學行與當時程門弟子多不類似，自成一格，故後學鮮少提及。其學，之後有大儒朱熹相似，亦不廢象數，置卦圖於扉頁，學宗程頤，傳弟子廣布，故後人每提及南宋易學之大成者，言必朱熹，朱震之學自然不顯矣。朱熹易學必受朱震影響，前文論易圖時曾略提及，恐不只此，本文力有未逮，假他時日當更深究。又如明末方氏家傳之《周易時論合編》，〔註15〕，其中許多易學觀點，如認為「虛空皆象數」、「河洛中五說」、「陰陽五行觀」的氣化思想、「太極即在有極中」，及百餘幅的易圖，凡此皆可說直接間接皆受朱震易學的影響。方氏易學至今尚乏詳備之研究，此亦為吾人日後繼續深究易學，首當關心者。

〔註14〕《四庫全書提要易類敘》曰：「而易則寓於卜筮。故易之為書，推天道以明人事者，左傳所記諸占，蓋猶太卜之遺法。漢儒言象，去古未遠也，一變而為京、焦，入於禨祥，再變而為陳、邵，務窮造化，易遂不切於民用。王弼盡黜象數，說以老、莊；一變而為胡瑗、程子，始闡明儒理；再變而李光、楊萬里，又參證史事。易遂日啟其論端，此兩派六宗，已相互攻駁」。（見《四庫簡明目錄提要》附錄，洪氏出版社，71 年元月 10 日初版）

〔註15〕關於方氏家傳易學，以方孔炤之《周易時論合編》一書為最重要之文獻。是書，包括方學漸、方大鎮、方孔炤、方以智及其子中通、中德、中履五世家傳易學，為明末清初最重要的易學著作。該書由張永堂先生於 1975 年自日本內閣文庫尋獲攜回，今有文鏡書局於 72 年影印《清順治十七年刊本》。張永堂先生並著有〈方孔炤《周易時論合編》一書的主要思想〉一文，收錄於《明末方氏學派研究初編》一書。朱伯崑先生《易學哲學史》亦有專文討論。至於關於此書之專著於今則尚未可見，可為吾人研易者所注意。

參考書目

一、經類

1. 《周易》，王弼、韓康伯注，孔穎達正義。阮元審定清嘉慶二十年（1815）江西南昌府學開雕重刊本《十三經注疏》。臺北，藝文印書館，民 74 年。

2. 《論語》，何晏注，邢昺疏。阮元審定清嘉慶二十年（1815）江西南昌府學開雕重刊本《十三經注疏》。臺北，藝文印書館，民 74 年。

3. 《尚書》，孔安國傳，孔穎達正義。阮元審定清嘉慶二十年（1815）江西南昌府學開雕重刊本《十三經注疏》。臺北，藝文印書館，民 74 年。

4. 《春秋左傳》，杜預注，孔穎達正義。阮元審定清嘉慶二十年（1815）江西南昌府學開雕重刊本《十三經注疏》。臺北，藝文印書館，民 74 年。

5. 焦延壽，《焦氏易林》，臺北，藝文印書館，民國 48 年。

6. 戴德，《大戴禮記》，王謨輯《增訂漢魏叢書》，景清乾隆五十六年（1791）年金谿王氏刻八十六種本，臺北，大化書局，民國 77 年。

7. 董仲舒，《春秋繁露》，王謨輯《增訂漢魏叢書》，景清乾隆五十六年（1791）年金谿王氏刻八十六種本，臺北，大化書局，民國 77 年。

8. 班固，《白虎通》，王謨輯《增訂漢魏叢書》，景清乾隆五十六年（1791）年金谿王氏刻八十六種本，臺北，大化書局，民國 77 年。

9. 《易緯八種》，臺北，新興書局，民國 52 年。

10. 李鼎祚集解，李道平纂疏，《周義集解纂疏》，光緒辛卯（1891），三餘艸堂藏板。

11. 劉牧，《易數鈎隱圖附遺論九事》，清康熙十九年（1680），通志堂經解本，臺北，大通書局，民國 58 年。

12. 朱熹，《四書章句集注》，臺北，鵝湖出版社，民國 73 年。

13. 朱熹，《周易本義》，嚴靈峰《無求備齋易經集成》據清光緒九（1883）年景宋咸淳刊本影印，第二十八冊，臺北，成文出版社，民國 65 年。

14. 林栗，《周易經傳集解》，國立故宮博物院藏清乾隆年間寫《文淵閣四庫全書》本一二冊，臺灣商務印書館影印。

15. 胡渭，《易圖明辨》，續皇清經解易類彙編，臺北，藝文印書館。

16. 李光地，《周易折中》，臺北，真善美出版社，民國 70 年。

17. 馬國翰，《漢魏晉唐四十四家易注》，玉函山房輯佚書，同治十年辛未（1871）濟南皇華館書局補刻，臺北，文海出版社。

18. 黃宗羲，《易學象數論》，臺北，廣文書局《易學叢書續編》，民國 72 年。

19. 王夫之，《船山易學》，臺北，廣文書局，民國 70 年。

20. 方孔炤著、方以智編，《周易時論合編》，清順治十七年（1660）刊本，臺北，文鏡文化事業公司，民國 72 年影印本。

21. 朱彝尊，《經義考》，臺北，中華書局《四部備要》本，據揚州馬氏刻本校刊，民國 69 年。

22. 江慎修，《河洛精蘊》，北京，學苑出版社，1989 年。

23. 江藩，《經解入門》，臺北，廣文書局，民國 66 年。

24. 皮錫瑞，《經學歷史》，臺北，河洛圖書出版社，民國 63 年。

25. 皮錫瑞，《經學通論》，臺北，河洛圖書出版社，民國 63 年。

26. 章太炎，《易學論叢附易學書目彙纂》，臺北，廣文書局，民國 60 年。

27. 熊十力，《乾坤衍》，臺北，學生書局，民國 73 年。

28. 熊十力，《讀經示要》，臺北，洪氏出版社，民國 71 年。

29. 胡樸安，《周易古史觀》，臺北，新文豐出版公司，民國 63 年。

30. 楊樹達，《周易古義》，臺北，河洛圖書出版社，民國 63 年。

31. 于省吾，《易經新證》，臺北，藝文印書館，民國 64 年。

32. 牟宗三，《周易的自然哲學與道德函義》，臺北，文津出版社，民國 77 年。

33. 屈萬里，《先秦漢魏易例述評》，臺北，學生書局，民國 74 年。

34. 屈萬里，《談易三種》，臺北，聯經出版事業公司，民國 72 年。

35. 屈萬里,《漢石經周易殘字集證》,臺北,聯經出版事業公司,民國 73 年。

36. 屈萬里,《周易古義補》,臺北,聯經出版事業公司,民國 74 年。

37. 屈萬里,《尚書集釋》,臺北,聯經出版事業公司,民國 75 年。

38. 李漢三,《周易卦爻辭釋義》,臺北,中華叢書編審委員會,民國 58 年。

39. 嚴靈峰,《易學新論》,臺北,正中書局,民國 73 年。

40. 嚴靈峰,《馬王堆帛書易經初步研究》,臺北,成文出版社,民國 69 年。

41. 戴君仁,《談易》,臺北,開明書局,民國 69 年。

42. 高師仲華,《高明經學論叢》,臺北,黎明文化事業公司,民國 67 年。

43. 高師仲華,《群經述要》,臺北,黎明文化事業公司,民國 68 年。

44. 戴師璉璋,《易傳之形成及其思想》,臺北,文津出版社,民國 78 年。

45. 黃師慶萱,《魏晉南北朝易書考佚》,臺北,幼獅文化事業公司,民國 64 年。

46. 黃師慶萱,《周易讀本》,臺北,三民書局,民國 73 年。

47. 徐芹庭,《虞氏易述解》,臺北,五洲出版社,民國 63 年。

48. 徐芹庭,《周易佚文考》,臺北,五洲出版社,民國 64 年。

49. 徐芹庭,《兩漢十六家易注闡微》,臺北,五洲出版社,民國 64 年。

50. 徐芹庭,《易經研究》,臺北,五洲出版社,民國 65 年。

51. 徐芹庭,《周易陸氏學》,臺北,成文出版社,民國 66 年。

52. 徐芹庭,《易學源流上、下》,臺北,國立編譯館,民國 76 年。

53. 傅隸樸,《周易理解》,臺北,商務印書館,民國 74 年。

54. 傅隸樸,《春秋三傳比義》,臺北,商務印書館,民國 72 年。

55. 高懷民,《先秦易學史》,臺北,中國學術著作獎助委員會,民國 79 年。

56. 高懷民,《兩漢易學史》,臺北,中國學術著作獎助委員會,民國 72 年。

57. 高懷民,《大易哲學論》,臺北,成文出版社,民國 67 年。

58. 程石泉,《易學新探》,臺北,文行出版社,民國 68 年。

59. 高亨,《周易古經通說》,臺北,樂天出版社,民國 61 年。

60. 高亨,《周易古經今注》,臺北,里仁書局,民國 71 年。

61. 高亨,《周易大傳今注》,山東,齊魯出版社,1988 年。

62. 黃沛榮,《周易象象傳義理探微》,臺北,漢京文化事業公司,民國 73 年。

63. 黃沛榮,《易學論著選集》,臺北,長安出版社,民國 74 年。

64. 張立文，《周易思想研究》，湖北，湖北人民出版社，1980 年。

65. 張立文，《周易帛書今注今譯》，臺北，學生書局，民國 80 年。

66. 黃壽祺、張善文，《周易研究論文集》第一——四輯，北京，北京師範大學出版社，1989 年。

67. 黃壽祺、張善文，《周易譯注》，上海，上海古籍出版社，1989 年。

68. 鄭萬耕，《太玄校釋》，北京，北京師範大學出版社，1989 年。

69. 朱伯崑，《易學哲學史》上、中冊，北京，北京大學出版社，1986 年。

70. 朱伯崑，《易學哲學史》第一——四卷，臺北，藍燈文化事業股份有限公司，民國 80 年。

71. 金景芳、呂紹綱，《周易講座》，吉林，吉林大學出版社，1990 年。

72. 呂紹綱，《周易闡微》，吉林，吉林大學出版社，1990 年。

73. 金景芳、呂紹綱，《周易全解》，吉林，吉林大學出版社，1991 年。

74. 徐志銳，《周易大傳新注》，山東，齊魯出版社，1988 年。

75. 范良光，《易傳道德形上學》，臺北，商務印書館，民國 71 年。

76. 朱右曾，《逸周書集訓校釋》，王雲五主編《國學基本叢書》，臺北，商務印書館，民國 57 年。

77. 陳夢家，《尚書通論》，臺北，仰哲出版社，民國 76 年。

78. 劉起釪，《尚書學史》，北京，中華書局，1989 年。

79. 樓宇烈，《周易、老子王弼注校釋》，臺北，華正書局，民國 72 年。

80. 汪惠敏，《宋代經學之研究》，臺北，國立編譯館，民國 78 年。

二、史類

1. 司馬遷，《史記》，臺北，洪氏出版社，民國 74 年。

2. 班固，《漢書》，臺北，鼎文書局，民國 70 年。

3. 范曄，《後漢書》，臺北，洪氏出版社，民國 67 年。

4. 陳壽，《三國志》，臺北，洪氏出版社，民國 73 年。

5. 魏徵，《隋書》，臺北，洪氏出版社，民國 66 年。

6. 歐陽修，《新唐書》，臺北，洪氏出版社，民國 66 年。

7. 劉昫，《舊唐書》，臺北，洪氏出版社，民國 66 年。

8. 脫克脫，《宋史》，臺北，洪氏出版社，民國 64 年。

9. 宋濂，《元史》，臺北，洪氏出版社，民國 66 年。

10. 馮琦原編、陳邦瞻纂輯、張溥論證，《宋史紀事本末》，王雲五主編《國學基本叢書四百種》，臺灣商務印書館，民國 57 年。

11. 柯維騏，《宋史新編》，臺北，文海出版社，民國 63 年。

12. 司馬光，《資治通鑑》，臺北，蒲公英書局，民國 75 年。

13. 畢沅，《續資治通鑑》，臺北，洪氏出版社，民國 75 年。

14. 李心傳，《建炎以來繫年要錄》，臺北，文海出版社，民國 57 年。

15. 李心傳，《建炎以來朝野雜記》，國立故宮博物館藏清乾隆年間寫《文淵閣四庫全書》本六〇八冊，臺灣商務印書館影印。

16. 熊克，《中興小紀》，國立故宮博物館藏清乾隆年間寫《文淵閣四庫全書》本三一三冊，臺灣商務印書館影印。

17. 劉時舉，《續宋編年資治通鑑》，國立故宮博物館藏清乾隆年間寫《文淵閣四庫全書》本三二八冊，臺灣商務印書館影印。

18. 徐夢莘，《三朝北盟會編》，國立故宮博物館藏清乾隆年間寫《文淵閣四庫全書》本三五〇～三五二冊，臺灣商務印書館影印。

19. 王偁，《東都事略》，國立故宮博物館藏清乾隆年間寫《文淵閣四庫全書》本三八二冊，臺灣商務印書館影印。

20. 陳騤，《南宋館閣錄》，國立故宮博物館藏清乾隆年間寫《文淵閣四庫全書》本五九五冊，臺灣商務印書館影印。

21. 朱熹，《伊洛淵源錄》，國立故宮博物館藏清乾隆年間寫《文淵閣四庫全書》本四四八冊，臺灣商務印書館影印。

22. 晁公武，《郡齋讀書志》，景清王先謙校本，臺北，中文出版社，民國 67 年。

23. 陳振孫，《直齋書錄解題》，景清武英殿輯永樂大典本，臺北，中文出版社，民國 67 年。

24. 王應麟，《困學紀聞》，臺北，商務印書館《國學基本叢書》本，民國 57。

25. 張仲炘、楊承禧，《湖北通志》，《中國省志彙編》據民國十年重刊本，臺北，華文書局，民國 56 年。

26. 陳壽祺等撰，《福建通志》，《中國省志彙編》據清同治十（1871）年重刊本，臺北，華文書局，民國 56 年。

27. 王琛等修、張景祈等纂，《邵武府志》，《中國方志叢書》據清光緒二十六（1900）年刊本影印，臺北，成文出版社，民國 56 年。

28. 倪文蔚等修、顧嘉蘅等纂，《荊州府志》，《中國方志叢書》據清光緒六（1880）年刊本影印，臺北，成文出版社，民 56 年。

29. 楊家駱主編，《歷伐門物年里通譜》，臺北，世界書局《中國學術名著第五輯》，民國 63 年。

30. 姜亮夫，《歷代人物年里碑傳綜表》，臺北，華世出版社，民國 65 年。

31. 麥仲貴，《宋元理學家著述生卒年表》，香港，新亞研究所出版社《新亞研究所專刊之三》，民國 59 年。

32. 張杲，《吳中人物志》，臺北，學生書局，民國 58 年。

33. 張孟倫，《宋代興亡史》，上海，商務印書館，民國 37 年。

34. 鄺士元，《國史論衡》，臺北，里仁書局，民國 69 年。

35. 黃仁宇，《萬曆十五年》，臺北，食貨出版社，民國 82 年。

36. 黃寬重，《南宋軍政與文獻探索》，臺北，新文豐出版社，民國 79 年。

37. 楊碧川、石文傑合編，《活用歷史手冊》，臺北，遠流出版公司，民國 79 年。

38. 顧祖禹，《歷代州域形勢》，臺北，樂天出版社，民國 62 年。

三、子類

1. 高誘注、畢沅校，《呂氏春秋新校正》，《新編諸子集成》第七冊，臺北，世界書局，民國 67 年。

2. 高誘注，《淮南子》，《新編諸子集成》第七冊，臺北，世界書局，民國 67 年。

3. 邵雍，《皇極經世書》，中國子學名著集成珍本初編雜家子部第九十三冊。

4. 張載，《張載集》，臺北，漢京文化事業有限公司，民國 72 年。

5. 程顥、程頤，《二程集》，臺北，漢京文化事業有限公司，民國 72 年。

6. 黎靖德編，《朱子語類》，臺北，文津出版社，民國 75 年。

7. 黃宗羲撰、全祖望續修、王梓材校補，《宋元學案》，臺北，河洛圖書出版社，民國 64 年。

8. 徐復觀，《兩漢思想史》卷一、二、三，臺北，學生書局，民國 68 年。

9. 徐復觀，《中國人性論史》，臺北，商務印書館，民國 73 年。

10. 唐君毅，《哲學概論》，臺北，學生書局，民國 74 年。

11. 唐君毅，《中國哲學原論——導論篇》，臺北，學生書局，民國 73 年。

12. 唐君毅，《中國哲學原論——原道篇》，臺北，學生書局，民國 75 年。

13. 唐君毅，《中國哲學原論——原教篇》，臺北，學生書局，民國 73 年。

14. 唐君毅，《中國哲學原論——原性篇》，臺北，學生書局，民國 73 年。

15. 牟宗三，《中國哲學的特質》，臺北，學生書局，民國 73 年。

16. 牟宗三，《中國哲學十九講》，臺北，學生書局，民國 72 年。

17. 牟宗三，《心體與性體》一、二、三冊，臺北，正中書局，民國 75 年。

18. 牟宗三，《才性與玄理》，臺北，學生書局，民國 74 年。

19. 勞思光，《中國哲學史》，臺北，三民書局，民國 70 年。

20. 馮友蘭，《中國哲學史》附補編。

21. 馮友蘭，《中國哲學史新編》，臺北，藍燈文化事業股份有限公司，民國 80 年。

22. 侯外盧主編，《中國思想史》，北京，人民出版社，1953 年。

23. 侯外盧、邱漢生、張岂之主編，《宋明理學史》，北京，人民出版社，1984 年。

24. 辛冠洁、丁健生、蒙登進主編，《中國古代著名哲學家評傳》續編三，山東，齊魯出版社，1982 年。

25. 張立文，《中國哲學範疇發展史》天道篇，北京，中國人民大學出版社，1988 年。

26. 陳師郁夫，《邵康節學記》，臺北，天華出版社，民國 69 年。

27. 陳師郁夫，《周敦頤》，臺北，東大圖書公司，民國 79 年。

28. 朱建民，《張載思想研究》，臺北，文津出版社，民國 78 年。

29. 曾仰如，《形上》，臺北，商務印書館，民國 80 年。

30. 史作檉，《形上美學導言》，臺北，仰哲出版社，民國 77 年。

31. 王邦雄，《老子的哲學》，臺北，東大圖書公司，民國 72 年。

32. 李漢三，《先秦兩漢之陰陽五行學說》，臺北，維新書局，民國 74 年。

33. 羅桂成，《唐宋陰陽五行論集》，臺北，文源書局，民國 72 年。

34. 劉君燦，《中國天文學史新探》，臺北，明文書局，民國 77 年。

35. 陳遵媯，《中國古代天文學簡史》，臺北，木鐸出版社，民國 71 年。

36. 楊蔭瀏，《中國古音樂史稿》，臺北，丹青圖書有限公司，民國 76 年。

37. 蔣義斌，《宋代儒釋調和論及排佛論之演進——王安石之融通儒釋及程朱派之排佛》，臺北，商務書館，民國 77 年。

38. 張永堂，《明末方氏學派研究初編》，臺北，文鏡出版社，民國 76 年。

四、集類

1. 蘇洵，《嘉佑集》，大本《四部叢刊正編》第四六冊，臺北，商務印書館，民國 69 年。

2. 朱長文，《樂圃遺稿》，國立故宮博院藏清乾隆年間寫《文淵閣四庫全書》一一一九冊，臺灣商務印書館影印。

3. 汪藻，《浮溪集》，國立故宮博院藏清乾隆年間寫《文淵閣四庫全書》一一二八冊，臺灣商務印書館影印。

4. 趙鼎，《中正德文集》，國立故宮博院藏清乾隆年間寫《文淵閣四庫全書》一一二八冊，臺灣商務印書館影印。

5. 孫覿，《鴻慶居士集》，國立故宮博院藏清乾隆年間寫《文淵閣四庫全書》一一三五冊，臺灣商務印書館影印。

6. 胡寅，《斐然集》，國立故宮博院藏清乾隆年間寫《文淵閣四庫全書》一一三七冊，臺灣商務印書館影印。

7. 汪應辰，《文定集》，國立故宮博院藏清乾隆年間寫《文淵閣四庫全書》一一三八冊，臺灣商務印書館影印。

8. 張九成，《橫浦集》，國立故宮博院藏清乾隆年間寫《文淵閣四庫全書》一一三八冊，臺灣商務印書館影印。

9. 戴君仁，《梅園論學集》，臺北，開明書局，民國 59 年。

五、論文期刊類

1. 王忠林，《周易正義引書考》，師大國研所民國 47 年碩論。

2. 戴景賢，《北宋周張二程思想之分析》，臺大文史叢刊之五十三，民國 68 年。

3. 王基西，《北宋易學考》，師大國研所民國 67 年碩論。

4. 龔鵬程，《孔穎達周易正義研究》，師大國研所民國 68 年碩論。

5. 陳正榮，《張載易學之研究》，師大國研所民國 68 年碩論。

6. 何湘妃，《南宋高孝兩朝王安石評價之變遷過程分析》，臺大史研所民國 72 年碩論。

7. 徐秉愉，《宋高宗之對金政策》，臺大史研所民國 72 年碩論。

8. 江弘毅，《朱子易學研究》，師大國研所民國 74 年碩論。

9. 江超平，《伊川易學研究》，師大國研所民國 75 年碩論。

10. 黃忠天，《楊萬里易學研究》，高師國研所民國 77 年碩論。

11. 劉智遠，《易數研究》，文大國研所民國 76 年博論。

12. 江弘毅，《宋易大衍學研究》，臺大中研所民國 79 年博論。

13. 賴貴三，《項安世周易玩辭研究》，師大國研所民國 79 年碩論。

14. 蔡璧名，《五行系統中的色彩》，師大國研所民 81 年碩論。

15. 張政烺，〈試釋周初青銅器銘文中的易卦〉，《考古學報》第 4 期，1980 年。

16. 張政烺，〈帛書六十四卦跋〉，《文物》第 3 期，1984 年。

17. 張政烺，〈殷虛甲骨文中所見的一種筮卦〉，《文史》第 24 輯，1985 年。

18. 黃師慶萱，〈周易時觀初探〉，《中國學術年刊》第 10 期。

19. 戴師璉璋，〈易傳關於天人之際的論述〉，《鵝湖月刊》第一五卷第 8 期總號 176。

20. 邴芷人，〈陰陽五行及其體系（一）〉，《中國文化月刊》第 71 期，民國 74 年 9 月。

21. 邴芷人，〈陰陽五行及其體系（二）〉，《中國文化月刊》第 72 期，民國 74 年 10 月。

22. 邴芷人，〈陰陽五行及其體系（三）——白虎觀經學會議的學術背景〉，《中國文化月刊》第 73 期，民國 74 年 11 月。

23. 邴芷人，〈陰陽五行及其體系（四）——兩漢儒生與經學〉，《中國文化月刊》第 74 期，民國 74 年 12 月。

24. 邴芷人，〈陰陽五行及其體系（五）——天干與地支的意義〉，《中國文化月刊》第 75 期，民國 75 年 1 月。

25. 邴芷人，〈五行與樂律〉，《中國文化月刊》第 84 期，民國 75 年 10 月。

26. 邵芷人，〈從歲星紀年到干支紀年〉，《中國文化月刊》第 86 期，民國 75 年 12 月。

27. 邵芷人，〈天文星象與祿命法〉，《中國文化月刊》第 81 期，民國 74 年 9 月。

28. 李周龍，〈從周易到太玄〉，《孔孟學報》第 60 期，民國 71 年 3 月。

29. 鄭吉雄，〈論宋代易圖之學及其後發展〉，《中國文學研究》創刊號，民國 76 年 5 月。

30. 汪惠敏，〈宋代易學中之圖與數〉，《輔仁學誌──文學院之部》第 14 期，民國 74 年 6 月。

31. 李偉泰，〈論宋儒河圖洛書之學〉，《孔孟學報》第 26 期，民國 62 年 9 月。

32. 簡博賢，〈虞翻周易注研究〉，《孔孟學報》第 34 期，民國 64 年 9 月。

33. 林瑞翰，〈邵興十二年以前南宋國情之研究〉，《大陸雜誌》第十一卷，第 7、8 期，民國 14 年。

34. 林天蔚，〈紹興和戰之評論：義理與時勢之爭〉，《東方文化》第十五卷 1 期，民國 66 年 1 月。

附錄一　朱震年表

※參考資料：（1）《宋史》

　　　　　　（2）宋、李心傳《建炎以來繫年要錄》（簡稱《要錄》）

　　　　　　（3）清、納蘭成德《漢上先生履歷》（《通志堂經解》本）（簡
　　　　　　　　　稱《履歷》）

　　　　　　（4）楊碧川、石文傑合編《活用歷史手冊》

▲ 神宗熙寧五年（1072）

　　（1）先生生於湖北荊門，名震，字子發。案：先生之籍貫有二說：一說
　　　　　為湖北荊門人，《宋史》本傳、陳騤《南宋館閣錄》、《湖北通志》皆
　　　　　主此說。一說為福建邵武縣人，始於《要錄》、《福建通志》、《邵武
　　　　　縣志》亦有載記。然據先生所上〈進周易表〉言其為「長林縣開國
　　　　　男」，長林縣在今湖北荊門縣北，故當以前說為確。

　　（2）歐陽修卒（1007～）

▲ 神宗熙寧六年（1073）

　　周敦頤卒（1017～）

▲ 神宗熙寧十年（1077）

　　邵雍卒（1011～）

▲ 神宗元豐六年（1083）

　　曾鞏卒（1019～）

▲ 神宗元豐七年（1084）

　　司馬光修成《資治通鑑》

▲ 神宗元豐八年（1085）

　　程顥卒（1032～）

▲ 哲宗元佑元年（1086）

　　王安石卒（1012～）、司馬光卒（1019～）

▲ 徽宗建中靖國元年（1101）

　　（1）年三十。謝良佐監西京竹木場，先生自太學，與弟子權往謁之，乞
　　　　先生教之。上蔡因舉《論語》子見齊衰者章及師冕見章曰：夫聖人
　　　　之道，無微顯，無內外，由洒掃應對進退而上達，夫道一以貫之，
　　　　一部《論語》只恁地看。（《宋元學案·上蔡學案》）

　　（2）蘇軾卒（1036～）

▲ 徽宗崇寧二年（1103）

　　謝良佐卒（1050～）

▲徽宗大觀元年（1107）

　　程頤卒（1033～）

▲ 徽宗政和二年（1112）

　　蘇轍卒（1039～）

▲ 徽宗政和五年（1115）

　　年四十四。先生登何㮚榜進士出身。（《南宋館閣錄》、《福建通志》）

▲ 欽宗靖康元年（1126）

　　年五十五。五月九日先生除春秋博士。十月二十日先生除太學春秋博士。
　　十一月六日先生除秘書郎。（《履歷》）

▲ 高宗建炎元年（1127）

　　年五十六。三月癸丑先生致仕。（《要錄》卷三）

▲ 高宗紹興二年（1132）

　　（1）年六十一。六月丁巳，先生除司勳員外郎。（《要錄》卷五十五）

（2）七月乙丑，時上欲講《春秋》，遂以《左氏傳》付安國點句。安國言「今方思濟艱難，豈宜耽玩文采，莫若潛心聖人之注」。上稱善，安國因而薦先生。（《要錄》卷五十六、《宋史》卷四百三十五）

（3）八月戊申，胡安國論列朱勝非，朝廷乃稱勝非處苗、劉之變，能調護聖躬。安國以「與勝非為列，有違經訓」。遂臥家不出。（《要錄》卷五十七、《宋史》卷四百三十五）

（4）先生被召，問安國出處之宜。遂稱疾不至。（《宋史》卷四百三十五）

▲ 高宗紹興四年（1134）

（1）年六十三。三月戊午，趙鼎入為參知政事，上咨以當世人才，鼎曰：「臣所知朱震，學術深博，廉正守道，士之冠冕，使位講讀，比必有益於陛下」。上乃召之。（《要錄》卷七十四、《宋史》卷四百三十五）

（2）九月庚午，先生守尚書茨部員外郎兼川、陝、荊、襄都督府詳議官。因言：「荊、襄之間，沿漢上下，膏腴之田七百餘里，若選良將領部曲鎮之，召集流亡，務農種穀，寇來則禦，寇去則耕，不過三年，兵食自足。又給茶鹽鈔於軍中，募人中糴，可以下江西之舟，通湘中之粟。觀釁而動，席捲河南，此以逸待勞，萬全計也。」（《要錄》卷八十、《宋史》卷四百三十五）

（3）時先生始入見上，首詢以《易》、《春秋》之旨，先生以所學對，上大喜之。

（4）十月五日，先生除尚書祠部員外郎。（《履歷》）

▲ 高宗紹興五年（1135）

（1）年六十四。二月十六日（丙子），先生試祕書少監，直龍圖閣，知康府。（《要錄》卷八十五、《履歷》）

（2）閏二月五日（乙巳），先生除祕書少監兼侍講。（《要錄》卷八十六、《履歷》）

（3）三月九日（丁丑），先生轉承議郎。上召先生與范沖專講《春秋左氏傳》。（《要錄》卷八十七、《履歷》）

（4）四月壬申，先生守起居郎。（《要錄》卷八十八，《履歷》作五月三日）

（5）四月，龍圖閣直學士致士楊時卒（1053－），年八十三。先生請奏曰：「時學有本原，行無玷闕，進必以正，晚始見知，嘗排邪說以正天下學術之誤，辨誣謗以明宣仁聖烈之功，雪冤抑以復昭慈聖憲之位，據經論事，不愧古人，其所撰述皆有益於學者。詔有司取時所著《三經義辨》賜其家帛二百匹兩，後諡曰文靖。」（李心傳按：先生奏請在六月乙巳，今并書之。）

（6）時尚書左僕射趙鼎素尊程頤之學，一時學者皆聚於朝，然鼎不及見頤，故有偽稱伊川門人以求進者，亦蒙擢用。

（7）五月己亥，建國公（瑗）出就傅，以先生為贊讀。（《要錄》卷八十九）

（8）六月己酉，是日建國公初出資善堂，上命見先生設拜。（《要錄》卷九十）

（9）六月壬子，先生奏曰：「竊見陛下經營荊楚，控制上流，已命王彥領兵直入江陵，遂與襄陽表裡相應，在兵法所謂先發者制人，誠得禦侮之上策。然一方之民，久罹荼毒，若不優加綏撫，則民未有息肩之期。且如峽州四縣兵火之後，多用軍功，如胥吏攝知縣，欄頭捕鹽稅，椎膚剝髓，民無告訴。伏望取峽州江陵府、荊門公安軍縣官闕，令吏部破格差注，或委安撫司別行踏逐可任之人，奏辟一次，庶使德澤下流，民瘼上聞，荊湖人得免塗炭。」

（10）六月戊辰，祕書丞環中知臨江軍中，嘗進春秋年表，上以賜輔臣沈與求，奏不知誰，詮次恐不當，先魯而後周甚非春秋尊王之意。上曰：「俟，更令朱震校勘。」（《要錄》卷九十）

（11）八月十七（癸丑），先生除中書舍人兼資善堂翊善。（《要錄》卷九十二，《履歷》）

（12）九月丁丑，先生奏言：「見將作監丞郭千里，畜養倡婦，侵奪民田，嘗經按治，雖得遠闕，終非所宜，望賜寢罷」。上從之。（《要錄》卷九十三，《履歷》）

（13）九月辛巳，先生任徽猷閣侍制兼史館修撰。

（14）十月甲寅，先生權戶部侍郎。（《要錄》卷九十四）

（15）十一月癸巳，先生言：「珍州在培州之南，山路險絕，舟車不通，居民所輸不過斗粟，地利物產悉歸敵人，而吏祿軍費、州縣之費取足

於夔路，願詔有司廢罷州額以蘇夔路，詔川陝宣撫司一面措置。」後不果，罷。(《要錄》卷九十五)

▲ 高宗紹興六年 (1136)

(1) 年六十五。正月壬午 (十六日)，先生試給事中。(《要錄》卷九十七)

(2) 二月甲壬，林儵乞上所著易書，詔先生詳問，先生言：「儵積學有年，用功至勤，乃令明州給劄錄其所著易書及天道大備書、卦變纂集等合二十六卷上之，故有是命。」(《要錄》卷九十八)

(3) 四月庚子，上御經筵，先生留身論四方奏讞，自王安石開按問之法及曾布增強盜贓錢遂皆不死。翌日，上以語宰曰：「此極敝事出得一人死罪曰陰德，然殺人者皆不死，亦豈聖人立法之意。」折彥質曰：「此非陰德，乃長姦爾。」上顧趙鼎曰：「遇有案切須詳之。」(《要錄》卷一〇〇)

(4) 五月癸酉，先生除給事中兼侍講資善堂翊善兼權直學士院。(《要錄》卷一〇一)

(5) 五月辛卯，先生為翰林學士。

(6) 六月辛酉，先生言：「竊見陛下念虔州之民，屢干邦憲，選任郡守使牧其民，固已得治虔州之策矣。臣謂虔民弄兵，其說有二：越人勁悍，其俗輕生，見利必爭，有犯必報，農事既畢，則徑度潮、梅、循、惠四州，驅略良民，剽劫牛馬，此其一也。自軍興以來，守令多非其人，政令苛虐，科斂無藝，小民無告，橫遭荼毒，互相翩動，遂萌姦心，徒黨浸多，乃成巨盜，原其本意，豈願屠戮，自取滅亡，良由吏失其職，奉法不虔，激之使然，罪至不赦，此其二也。凡虔之民均是人耳，烏有不治者？臣願詔孫佑，令到任，條具本州及諸縣官吏有貪墨無狀，巽懦不職，無益於民者，一切罷去，聽佑選擇慈祥仁惠之吏，忠厚愿慤之人，異時治蹟顯著者，咸以名聞朝廷，優加獎勸，或令再任。宿敝盡去，人樂其生，雖誘之為盜，亦不為矣。臣又願陛下詔樞密院，令於潮洲安泊一軍，以斷賊路，今韶州已有韓京一軍，賊度嶺欲寇南雄英韶等州，有所畏憚矣，如別置一軍屯於潮州，姦盜之心自息於冥冥之間，不待誅鋤勦絕，而老盜宿姦心知其不可為矣。至於本州掌兵之官，亦選用立功邊徼，有名於

軍伍者為之，如是三年不治者，未之有也。時新除守臣孫佑方入辭未去，乃以付佑焉。」（《要錄》卷一〇二）

（7）秋七月己巳，先生曰：「湖南去歲大旱，民多流亡，今夏又復旱，而一路連興大獄，無辜就逮，死於狴犴者甚眾，望特降旨，除有罪當繫者治之，其於干繫一切疏放，詔本路憲臣躬親巡行。」如震請。（《要錄》卷一〇三）

（8）九月癸巳，先生言：「按大理國本唐南詔，大中、咸通閒入成都犯邑管，召兵東方，天下騷動，藝祖皇帝鑒唐之禍，乃棄越嶲諸邵，以大渡河為界，欲寇不能，欲臣不得，最得禦戎之上策。今國家南市戰馬，通道遠夷，其王和譽遣清平官入獻方物，陛下詔遣其直，卻馴象，賜敕書，即桂林遣之，是亦藝祖之意。然臣有私憂，不可不為陛下言之，今日干戈未息，戰馬為急，桂林招買，勢不可輟；然而所可慮者，蠻人孰知險易，商賈囊橐為姦，審我之利害，視我之虛實，安知無大中、咸通之事。願密諭廣西帥臣，凡市馬之所，皆用謹信可任之士，勿任輕獧生事之人，務使羈縻而已。異時西北路通，漸減廣馬，庶幾消患未然」。詔劄與廣西帥臣。（《要錄》卷一〇四）

（9）十一月三日，先生轉任左朝奉大夫大夫知制誥。（《履歷》頁18）

（10）十二月丁巳，先生乞以自古循吏傳編成一書，遇守令有治行者賜之。上曰：「不若有治行者或進官或擢用，無治行者隨輕重責罰，賞罰即行，自有懲勸，賜循吏傳恐無補於事。」（《要錄》卷一〇七）

（11）十二月己未，左司諫陳公輔言：「朝廷所尚，士大夫因之，士大夫所尚，風俗因之，不可不慎也。國家嘉佑以前，朝廷尚大公之道，不營私意，不植私黨，故士大夫以氣節相高，以議論相可否，未嘗互為朋比，至於雷同苟合。自熙、豐以後，王安石之學，著為定論，自成一家，蔡京引之。挾紹述之說，于是士大夫靡然而同，風俗壞矣。仰惟陛下天資聰明，聖學高妙，將以痛革積弊，變天下黨同之俗。然在朝廷之臣，不能上體聖明，又復輒以私意取程頤之說，謂之伊川學，相率而從之，是以趨時競進，飾詐沽名之徒，翕然胥效，倡為大言，轉相傳授，伏望聖慈特加睿斷，察群臣中有為此學鼓扇士類者，皆屏絕之。明詔天下以聖人之道著在方冊，學者但能參考

眾說，研窮至理，各以己之所長而折中焉，則道術自明，性理自得矣」。輔臣進呈張浚批旨曰：「士大夫之學，宜以孔、孟為師，庶幾言行相稱，可濟時用。覽臣僚所奏，深用憮然，可布告中外，使知朕意」。先是范沖既去位，公輔為沖所薦，不自安，會耿鎡等伏闕上書，或者因指公輔靖康鼓喝之謗。公輔懼，見帝求去，因此上疏。詔：「公輔，朕所親擢，非由薦引，可令安職，毋得再議」。時先生在經筵，不能諍，論者非之。（《續通鑑》卷一一七）

▲ 高宗紹興七年（1137）

（1）年六十六。正月壬申，先生引疾求在外宮觀，高宗不許。先是董弅免官，震乃白張浚求去。胡安國聞之，以書遺其子胡寅曰：「子發求去晚矣。當公輔之說讒上，若據正論力爭，則進退之義明，今不發一言默然而去，豈不負平日所學，惜哉！且復問宰相云某當去否，既數日又云今少定矣，此何等語？遇緩急則是偷生免死計，豈能為國遠慮，平生讀易何為也？」（《要錄》卷一〇八）

（2）九月壬申，張浚罷相，先生制詞曰：「春秋之義，責備於股肱，賞罰之功，比先於貴近，朕行法而待人以恕，議罪而不忘其功，用能全君臣進退之恩，成風俗忠厚之美。粵有定命，告於外庭，張浚頃嘗奮身，事朕初載，入勤王室，位冠樞機，出捍疆陲，謀專帷幄，乃疇宿望，俾踐臺司，期左右於一人，庶贊襄於萬務，屬者式遏戎寇，經理淮壖，番休禦侮之師，更戍乘邊之將。而乃撫御失當，委付非才，軍心乖離，卒伍亡叛，郵傳杳至，駭聞恐怒之情，封奏踵來，請正失謀之罪。然念始終之分，察其平昔之懷，許上印章，退休真館，錫名祕殿，庸示眷私。於戲！枸邑遣兵，鄧禹致威權之損；街亭違律，武侯何貶抑之深！尚繼前修，免圖來效。」是當日制詞原無甚責讓，所以轉啟人之譏議也。（《續通鑑》卷一百一十九、《要錄》卷一一四）

（3）九月辛巳，合祀天地於明堂，太祖、太宗並配，受胙用樂，赦天下。故事，當喪無享廟之禮，而近歲景靈宮神御在溫州率遣官分詣，至是禮官吳表臣奏行之。先生言：「王制，喪三年不祭，惟天地社稷為越紼而行事。《春秋》書：「夏五月乙酉吉禘於莊公。」《公羊傳》曰：「譏，始不三年也。」《穀梁傳》曰：「喪未畢而舉吉祭，故非之

也。國朝景德二年真宗居明德皇太后之喪，即易月而除服，明年遂享太廟，合祀天地於圜丘，當時未行三年之喪，專行以日易月之制，可也。在今日行之則非也」。詔侍從臺諫禮官參議孫近時為吏部尚議者十五人皆言：「按唐故事，皇帝將行大禮，奏告太廟太清宮，本朝因之，蓋告也，非祭也。」上從之。(《要錄》卷一一四)

（4）九月壬寅，趙鼎曰：「臣去國半載，今觀聖意稍異前日」。上曰：「尋常造膝，每以孝悌之說相遙撼，其實紹述之謀也。」鼎曰：「秦檜莫有正論」，上曰：「無之，自卿去，唯朱震不改其舊。」鼎曰：「臣觀持中論者，皆惑聖聰，乃是沮善之術，故以為不可太分，當兼收而用，則得人之路廣。臣謂君子小人並進，何為治？與其多得小人，寧若少得君子之為愈也。蓋分善惡唯恐不嚴，稍寬，則落其奸便，君子于小人常恕，小人於君子不恕也。」上復以為然。(《要錄》卷一一五)

（5）十一月乙卯，為徽宗皇帝、顯肅皇后立虞主，不視朝。故事，山陵埋重於皇堂之外，及將祔徽宗主，先生言：「不當虞祭，又請埋重於廟門之外。」上命禮官議，太常以為不可，乃重埋於報恩觀，立虞主，昭慈之喪也，工部侍郎韓肖冑題虞主。至是，先生引漢唐及永昭陵故事為言，乃不題。(《要錄》卷一一七)

（6）上〈進周易表〉及所撰《周易集傳》、《易圖》、《易叢說》。案：朱震於〈進周易表〉曰：「翰林學士左朝奉大夫知制誥兼侍讀兼資善堂長林縣開國男食邑三百戶賜紫金魚袋臣朱震，右臣伏奉四月二十九日聖旨，令臣進所撰《周易集傳》等書。」朱震任左朝奉大夫於六年十一月，故推測上書當在紹興七年。

▲ 高宗紹興八年（1138）

（1）春正月丙寅，胡安國卒。(1074)

（2）夏四月庚辰，先生乞在外宮觀，趙鼎免相也。自劉大中、范沖、李季仲、呂大中已下皆相繼補外，先生獨居近侍如故，至是先生乞祠之章以謂：「夙夜自竭，圖報上恩，不敢雷同，上幸任使，知臣者以臣為守義，不知臣者以臣為守株，自非陛下斷而行之，則如愚臣黜已久矣，今則大明垂照，公論漸伸，既俊又相，率而在官，則支離豈煩於攘臂。」不許。(《要錄》卷一一九)

（3）四月壬午，先生知貢舉。

（4）四月丙申詔，韓愈《昌黎集》中有佐佑六經不牴牾於聖人之道者，許依《白虎通》、《說文》例出題以取士，用先生等請也。先生尋以病出院，遂臥家不起。

（5）四月辛丑，先生為胡安國乞賜諡文定。

（6）六月丁丑，先生疾亟，上奏乞致仕，且薦尹焞代為翊善。夜，先生卒，年六十七。中夕奏至，上達旦不寢。戊寅，輔臣奏事，上慘然曰：「楊時既物故，胡安國與震又亡，同學之人今無存者，朕痛惜之。」趙鼎曰：「尹焞學問淵源可以繼震」，上指奏牘曰：「震亦薦焞代資善之職，但焞微瞆，恐教兒童費力，俟國公稍長則用之。」乃召國公往奠，賜其家銀、帛二百四、兩，例外官子孫一人，又命戶部侍郎向子諲治其喪事。

李心傳注：朱勝非《秀水閒居錄》云：「先是章誼、劉大中、朱震皆可遷執政宰相，趙鼎以誼守建康；會當省試，引故事，以震知貢舉，既鎖院，人中遂為參知政事。震聞之，即病，謁告出院，不復供內職，累章求去，抵誚鼎與大中。初章求外祠，次章復求行在宮祠，顛錯可駭。先是鼎初相，以其姻家范沖與震同兼資善堂，為鼎求結近閣，鼎罷，沖亦去，震如故。及其復相，震自以為於鼎有功，意圖執政，至是大失望，怨鼎刻骨，月餘疾危，猶作詩詆鼎，遣人傳示，遂不起。一執政恐，二從臣可歎也。」以事考之，此說雖不為無據，然大中以三月庚寅除參政，而鼎（當為震）四月壬午方知貢舉，勝非實誤。又所云結交近閣等事，疑出於忿辭，今不取。上命國公奠震，及向子諲治喪，他書不見，惟子諲奏疏及張九成家傳及之。例外與震家恩澤在八月己未。（《要錄》卷一二〇）

附錄二 《漢上易傳》釋卦例舉隅
——師卦

䷆坎下坤上　師，貞，丈人吉，无咎。〈彖〉曰：師，眾也；貞，正也；能以眾正，可以王矣。剛中而應，行險而順，以此毒天下，而民從之，吉又何咎矣？

　　師，眾也。五陰而一陽為之主，利於用眾。二有震體，震動也，聚眾而用動之，亦用眾也。《周官》自五人為伍，積之至二千五百人為師，亦眾矣。故曰「師，眾也。」用師之道，以正為本。九二動之五，正也，苟動不以正，出於忿鷙驕矜，雖迫之以威，非得其心也。惟一本於正，使眾人皆得其正，天下之民將歸往之，王者之道也。師自復來，初之二者也，一變師，二變謙，三變豫，四變比，至比而得尊位，可以王矣，要終而言也。故曰「貞，正也；能以眾正，可以王矣。」丈人者，尊嚴可信長者之稱，身在險中，服其勤勞，則眾應之，能以眾正者也；震為長之象，言九二也。武王之於尚父，宣王之於方叔，是已。《子夏傳本》作「大人」。將帥之道，不剛則慢而不肅；剛而不中則暴而无親；剛中矣，而上无柔中之主以應之，則睽孤內顧，動則見疑，已且不暇恤，其能成功乎？古者人君之用將，既得其人矣，跪而推轂，付之斧鉞，進止賞罰，皆決於外，不從中制，是以出則成功，語天下之至險者，无若師也。師動以義，而民從之，雖至顯而行之，以順；坎自初之二，進而上行，行險而順也。凡藥石攻疾，謂之毒；師之所興，傷財害物，施之天下，至慘也，聖人不得已而用之，以去民之害，猶用毒以攻疾，雖曰「毒之」，其實生之，以此毒天下，而民安有不從者哉？兼是五者，唯九二乎！是以吉而无喪

敗，合於義而无咎也。坎為險，又為毒者，險難之所伏也。醫師聚毒藥以攻疾，所以濟險難也，故又為藥。故曰「剛中而應，行險而順，以此毒天下，而民從之，吉又何咎矣！」在卦氣為立夏四月，故《太玄》準之以眾。

案：以上釋〈彖〉辭。文分六段：第一段自師眾也至故曰師眾也：由卦象看，五陰一陽一陽為主用眾陰；自卦主看，九二為卦主（朱震常以「卦主」釋卦義，如「初九屯之主」、「此以九五言訟之主也」），言二有震體，則是二至四互體為震，震為動，坤為眾，故曰聚眾而動之，亦用眾也。又引經證經義。第二段自用師之道至可以王矣；此言用師之道，以正為本；又以卦變原要終而言「可以王矣」之義。第三段自丈人至大人：先解釋丈人之義；又自卦象言九二有震象，震為長子，故為丈人；又引歷史人物證丈人義；引子夏傳本作「大人」則為引他本訓詁。第四段自將帥之道至无若師也：此段言為將帥者當有剛中之道，而更重的是要內有柔中之主以應，且說人主用將當信任將帥之決，而不從中制肘，此完全針對南宋高宗而發，希望他能充分授權在外將帥，甚是剴切；觀此，朱震主戰之意甚明。第五段自師動以義至吉又何咎矣：言聖人用師出於不得已，必如以毒攻疾，以濟險難也，故實生民也。第六段則說此卦於卦氣當何時，又準之以《太玄》，此為朱震解卦之常例。

〈象〉曰：地中有水，師。君子以容民畜眾。

物之在天地間，至多者，无若水也；地中能有之，師之象也。故土雖緻密而含通，流泉河海之大不能出其涯涘。君子寬以容民，又有度量，上下維持以蓄眾。〈繫辭〉曰：「陽一君而二民，陰二君而一民。」民謂陰爻也，有陽爻，則陰爻為民，所謂容民者，言內卦也。坤為眾，所謂蓄眾者，言外卦也。或曰：「隱至險於大順，伏師旅於民眾，井田之法也。」

案：以上釋〈大象〉。先從物象解釋卦象「地中有水」之義。次引〈繫辭〉、〈說卦〉之文解釋「容民」言內卦、「蓄眾」言外卦，此據傳解傳。或曰一段，載異說也。

初六，師出以律，否臧凶。象曰：師出以律，失律凶也。

坎坤為律，律謂之法者，度量衡之法起於黃鍾之九寸，黃鍾坎位也。《爾雅》曰：「坎律銓也」。兵法：地生度，度生量，量生數，數生稱，稱生勝，師出以律，則教道素明，兵卒有制，勝敵之道也。初六不正，動則坤坎毀，師失律之象也。否臧，失律也。否讀為可否之否，劉遵曰：「否字，古之不字也。失律者為不善，否臧為不善。」杜預亦曰：「否不也。」故辭曰「否臧」，象曰

「失律」，失律則凶矣。或曰：「師出无名而以律，可謂臧乎？」曰：「司馬掌九伐之法，不正而動，是亦失律，安得不凶？」《春秋傳》晉荀首曰：「在師之臨曰『師出以律，否臧凶』，執事順成為臧，逆為否，眾散為弱，川壅為澤，有律以如己也，故曰律。否臧且律竭也。盈而以竭，夭且不整，所以凶也。」曰師之臨者，初六動而成兌也，坤為眾，坎為律、為川，坤毀則眾，坎毀則川壅，而律竭。

案：依律呂起於黃鍾，黃鍾居北方十一月坎位，故說坎為律。又引《爾雅》、兵法之說證律為法之義。引劉遵、杜預說否為不。此朱震引經文及群書為文句訓詁之法。又引伸文義，律不只為法，凡不以正者皆可謂失律，此乃義理之說；又引史證義。且依動爻之說，陰居陽位不正，動而正，初六動則變為九成臨卦，初至三為兌，坎則毀，而律竭。此依動爻說其有失律之象也。

九二，在師，中吉，无咎；王三錫命。象曰：在師中吉，承天寵也；王三錫命，懷萬邦也。

卦五陰聽於一陽，在下而專制其事者也，人臣惟在師可以專制，然專制疑於擅權，不專制无成功之理，得中道乃吉，而於義无咎。九二剛居柔，威和並用，得中者也，故能得天寵。天寵者，龍光也，乾在上為天，五坎為光，二震為龍，二之專制，以五寵之，譬之地道，含萬物而化光，非天之施乎？惟在師得中，乃能承天寵，不然怙寵而驕，必有凶咎。莫敖自用，得臣剛而無禮，安能承天寵哉？坤在上為邦，四諸侯，三公，五乾為王，九自四歷三爻，二有伏巽為命，王三錫命，懷萬邦也。古者入為天子之卿，天子之卿為六軍之將，王錫命之，至於三，極數也，然亦不過乎中，萬邦所以懷歟？過則濫賞，有功者不悅，非所以懷之，九自五之二，懷來也。

案：於象言，五陰聽於一陽，一陽在下而專制；於義言，人臣唯在軍隊可以專制，不專制則不能成功，但須得中道，才能吉且无咎。又依動爻說九自五乃歷三爻而來居於二，九居五，為坎，依爻位貴賤說則五為王，王之光下於二則為天寵，於義又戒之以守中勿驕，始可免咎也。又用伏卦，二至四互體為震，有伏巽之象，巽為命，故有王三賜命之義。

六三，師或輿尸，凶。象曰：師或輿尸，大无功也。

九二以剛中之才行師，上下當順以聽，坎耳坤順也。六三在下卦之上，又動而主之，則尸其事者眾也，故曰「師或輿尸」。坤為輿，輿又訓眾，三動

得位，尸之也。坎變兌，毀其師也，故大者无功而凶。荀卿《論兵》曰：「權出一者強，權出二者弱」，《易傳》曰：「軍旅之任，不專一，覆敗必矣。」

案：六三居下卦之上，以柔乘剛，不得位，動得正，尸位也。三動則坎毀變為兌，師毀也，師毀則无功且凶。又引荀子、伊川之言以證義。

六四，師左次，无咎。象曰：左次无咎，未失常也。

六四之動，震為左，目在地下，暮夜之時，師宿為次。坎阻水也，險難在下，救者當倍道赴之，動而左次，阻水以自固，豈用師之常哉？宜有咎。然六四柔能自正，而下无應，知其不可行，量敵慮勝，臨事而懼，未失坤之常也，於義為无咎。《春秋》書齊師宋師次于聶，北救邢，按兵待事，卒能救邢，何咎於次哉？《易傳》曰：「度不能進，而完師以退，愈於覆敗遠矣，可進而退，乃為咎也。易發此義，以示後世，其仁深矣。」

案：六四動則上卦為震，震為左；二至四互體為離，為日（《四庫》本目作日，是也。），日在地下，為暮，故有左次之象。兵法：右背山嶺，左阻水澤；六四未能打勝仗，阻水自固，宜有咎；然六四柔能自正，臨事而懼，慮己之不勝，退以保全，於義則无咎，未失常道也。末引《春秋》、《程傳》以證義。

六五，田有禽，利執言，无咎；長子帥師，弟子輿尸，貞凶。象曰：長子帥師，以中行也；弟子輿師，使不當也。

五應二，二為田，震為稼，坎為豕，田豕害稼，四時之田，皆為去害。二往之五，成艮手為執，伏兌為言，執言者，奉辭罰罪者也。六五柔中以任將帥，二執言而行，去民之害，不得已而用師。譬如田獵，田既有禽，然後取之；田有禽，則非无名興師，執言則我有辭，於義无咎矣。故曰「田有禽，利執言，无咎」。然六五柔，於用人不可不戒，九二震為長子帥眾，而眾從之者，以剛居柔，威克厥愛，以中道行師也。若五動成艮，於震為弟，於乾為子，之三則坎毀，既使二主帥，又使三主之，輿尸也。所任不一，雖正亦凶，九五正也，艮手，有上使之意，上使不當也，輿尸之凶。聖人再言之者，任將不可不重也。《易傳》曰：「自古任將不專而致覆敗者，如晉荀林父邲之戰，唐郭子儀相州之敗，是也。」

案：以象言：初為地下，二為田（乾九二見龍在田），二至四互體為震有稼象，下卦為坎，豕也，合言之有田豕害稼之象；二動之五，三至五互體為艮手，伏卦為兌言，故有執言之象。以義言之，五用師之主，用師譬諸田獵，田

有禽則執言以取之，師出有名，故義无咎。然六五質柔，故戒之；動為正，然若所任不一，雖正亦凶。末引《程傳》言史為證。

上六，大君有命，開國承家，小人勿用。象曰：大君有命，以正功也；小人勿用，必亂邦也。

　　上六動，乾在五上，五君位，大君也；大君者，號令之所自出也，故履之上九，臨之六五，皆曰大君。上之三成巽，巽為命，大君有命也，有命以正有功也。有大功者開國，使建國；有小功者承家，使受邑也。四諸侯，位震，為長子，主宗廟社稷，開國者也；二大夫，為家，初陰在下承之，承家者也。巽三在二四之中，有開國承家之象；上師之，成宗廟之位，古者賞人，必於祖廟，示不敢專，故於上六併言之。六三不正為小人，三之上，小人用於上成坤，必亂邦也。行師之時，貪愚皆在所使，未必皆君子，及其成功而行賞，則君子當使之開國承家，小人厚之以金帛，優之以祿位，不害其為賞功也。蓋胙之土，萬世之利，尊有德，所以示訓。若小人无厭，有民人，社稷其禍，必至於亂邦。《周頌》賚大封於廟，言錫予善人也。光武中興，臧宮馬武之徒，奉朝請而已，得此道也。然寇鄧諸賢，无尺寸之土，亦過矣。《易傳》曰：「小人易致驕盈，況挾功乎！漢之英彭，所以亡也。」或問：「坤為土，為國邑，古亦有言之者乎？」曰：「周太史為陳侯之子筮之，遇觀之否，觀六四諸侯之位也，坤為土，變而為乾，乾父坤母，繼父母之國者也。故曰：『其代陳有國乎！』內卦坤為土，風行地上，不處者也。故曰：『風行而著於土，其在異國乎！』此皆以坤土為國也。畢萬將仕晉，遇屯之比，初九變也。辛廖占之曰：『震為土，車從馬，公侯之卦』。又曰：『公侯之子孫必復其始，二大夫位也。』言自大夫復為諸侯，以坤土動於下也。」

　　案：以象言：上六動成乾，在五之上，為大君；上之三，下卦成巽，命也；故曰大君有命。以爻位貴賤說，四為諸侯，二大夫，開國承家；六三不正為小人，使為邦必亂。於義言，用師之時无分君子小人，濟國之難，難息，則使君子開國承家，小人厚之以祿位金帛，則君子得其位，小人得其所也。又引漢事為證也。末引《春秋》言以坤為為土、為國邑，自古有之。目的在說推象以通辭之法，其來有自。

附：桐城方氏易學思想研究——
《周易時論合編》初探

一、釋題

本文所謂「桐城方氏」指明代晚期至清初的方學漸（1540～1615）、方大鎮（1562～1631）、方孔炤（1519～1655）、方以智（1611～1671）祖孫四人，皆以易學名家，方孔炤、方以智及其子中通、中德、中履三代所合編之《周易時論合編》（以下簡稱《時論》）一書，收錄方氏五代易學言論，正是方氏家傳易學之代表。

此外，方學漸師事張甑山、耿定向，黃宗羲《明儒學案》編於〈泰州學案〉，其學頗欲挽朱子格物致知之說以救王學末流空虛之弊，其「崇實」的主張無異於東林，甚至早於顧憲成、高攀龍之主張〔註1〕，而其主「性善」係針對王龍溪「無善無惡心之體」而發，此說亦影響顧、高兩人〔註2〕。其著作《心學宗》、《性善繹》、《東遊記》等是方氏理學之前導，經方大鎮、方孔炤之繼承，至明末清初方以智集方氏學術思想之大成，故方氏祖孫四代之學術思想實與明代晚期之學術思想有密切之關係。

二、方氏易學之特色與研究價值

（一）方氏易學的特色

拙著碩士論文以南宋初期朱震之《漢上易傳》為研究對象，朱震易學以象數為本，企圖總結兩漢魏晉唐北宋之易學，其圖書易學又居承先啟後之地位。

〔註1〕余英時《方以智晚節考》，頁72。
〔註2〕張永堂《方以智》，頁15。商務印書館《中國歷代思想家》三十七冊。

而方氏《時論》一書，就其易學傳統而言，其所涉及之問題與朱震易傳所論頗多相關且更深廣。吾人麤就《時論‧凡例》窺其大略，可得以下幾點特色：

1. 此書屬集解之作，欲總結漢唐宋明易說：《時論‧凡例》述其書編寫體例曰：

……此編先敘諸本考異，雖屬亥豕，存之亦足參考。……此後載諸家取象之說，此後方集諸家通說，或言心學，或言治教，或引古今事。拘者必曰四，聖人時豈有漢唐後事乎？不知易包古今，總此人心，總此氣運，總此物理，正當旁引，方令覽者是微，豁然全身是易也。〔註3〕

方以智〈時論後跋〉曰：

家君子自辛未（1631）盧墓白鹿三年，廣先曾王父《易蠡》、先王父《易意》而闡之，名曰《時論》。以六虛之歸環中者，時也。……此兩年中有會揚（揚雄）、京（京房）、關（關朗）、邵（邵雍），以推見四聖，發揮旁通，論諸圖說。自晉以後，右王（王肅）左鄭（鄭玄），而李鼎祚集之，依然板傳鈔鉢也，至康節乃明河洛之原，考亭表之。學易家或鑿象數以言占，或廢象數而言理，豈觀其通而知時義者哉？一有天地，無非象數也，大無外，細無間，以此為微，不者洸洋矣。觀玩環中，原其始終，古今一呼吸也，雜而不越，此時論所以折衷諸家者乎！〔註4〕

按是書繼承揚雄、京房、關朗、郡雍、朱熹諸家易說，含蓋象數、義理、史事、圖書（此書前有《圖象幾表》八卷，各式易圖百餘幅）、訓詁、物理，欲以易賅古今人心事理可知也。

2. 此書為方氏一家憂患之作，六十四卦皆經世之用；方孔炤曰：

天啟甲子（1624），以不覆魏良卿之伯（指魏忠賢），忤璫削籍，禍且不測，始自痛省，先廷尉（方大鎮）教之曰：而知三陳九卦之生於憂患乎？以世道言甚於此者，滅理以言天，譁善以夸道，人心之幾如此，邪風大行，能毋亂乎？忽忽盧白鹿之墓三年，重讀祖父之書，述成時論。〔註5〕

〔註3〕方孔炤《周易時論合編‧凡例》，頁61～62。
〔註4〕方孔炤《周易時論合編‧凡例》，頁51。
〔註5〕方孔炤《周易時論合編‧凡例》，頁65～66。

方氏一家以忠孝之風傳家。五世祖方法（1368-1403）於靖難之變後，不署名人賀成祖，自沉於望江。〔註6〕方太鎮因群小詆排正學，毀首善書院（鄒元標、馮從吾所創），筮得同人於野，自號野同翁，隱居白鹿山，年七十喪母，廬墓側未及除服而卒。〔註7〕方孔炤先是天啟年間忤魏忠賢而削籍，崇禎改元（1628）起故官，與時相不合，後於香油坪一役兵敗，遭下獄，以智嚙血伏闕訟父冤，孝感帝心，減死戍紹興。後來京師淪陷，南奔隱居白鹿山，潛心研易。〔註8〕方以智則於清康熙十年（1671）因粵難，自沉惶恐灘以完節。〔註9〕方氏一家與明代衰亡相繫，方學漸、方大鎮以宣教經世，方孔炤勤王經世，方以智早年亦有經世之心，然終救明無力，晚年披緇入僧，明不事外朝之心，終以自沉完節。方氏一家歷憂患之世，因而企圖從對《周易》經傳的研究中，近求安身立命的依據，遠究明代衰亡之因，總結政治鬥爭和王朝興廢的經驗教訓，尋找新的出入。故而是書之編作，為經世之用也。方孔炤曰：「六十四卦皆不息之時」，「孔子始影寫一太極之真，而寔歸於順理同患之用」，「政府既立，權統君民，邵子以年月日時徵元會運世，而曰經世貴時用也」。故能經世時用為方氏家學之目的與特色。

3. 以象數圖書為基礎，究萬物所以然之理：

　　虛空皆象數也，洋溢充塞皆所以然之理也，及不信矣。造化同原，此心皆備，隨處表法，俱顯生成，故此編以圖居首，全無文字，而萬理萬變具焉。〔註10〕

　　兩間物物皆河洛也，人人具全卦爻，而時時事事有當然之卦爻，無非象也。……摠之無所非象，而聖人亦有時不取；無所非義，而聖人亦時有不宣，蓋緣爻觸變而會通之，隨人徵理事耳。一爻皆四千九十六，而仍不礙其為此爻之象也，以為心法，皆心法也；以為治道，皆治道也；以為涉世之物情，占事之先幾皆適當也。不可以為典要，而有典常，故為各正性命之書。〔註11〕

〔註 6〕馬其昶《桐城耆舊傳》，頁 8。

〔註 7〕馬其昶《桐城耆舊傳》，頁 160。

〔註 8〕馬其昶《桐城耆舊傳》，頁 224～225。

〔註 9〕余英時《方以智晚節考》，頁 95～118。

〔註10〕方孔炤《周易時論合編·凡例》，頁 56。

〔註11〕方孔炤《周易時論合編·凡例》，頁 60。

在方氏看來，由於天地萬物之間自身具有象和數，所以聖人依其象數，立表法指導人們觀察事物的變化，成就人類事業，此是易學的根本任務。方以智〈物理小識自序〉亦曰：

> 盈天地之間皆物也。人受其中以生，生寓于身，身寓于世，所見所用，無非事也，事一物也；聖人制器利用以安其生，因其表理以安其心，器故物也，心一物也；深而言性命，性命一物也；通觀天地，天地一物也。推而至于不可知，轉以可知攝之，以費知隱，重玄一實，是物物神神之深幾也，寂感之蘊，深究其所自來，是曰「通幾」。物有其故，實考究之，大而元會，小而菉木蠹蠕，類其性情，徵其好惡，推其常變，是曰「質測」。質測即藏通幾也。〔註12〕

此更引出方氏思想另一重要觀念，即「質測藏通幾」。前人研究方以智哲學咸以此代表其哲學特色及其在思想史上的重要性。侯外廬以為「質測」、「通幾」相當於物理科學及哲學，余英時先生亦同意此說。〔註13〕張永堂先生說：「通幾」相當於心之理的研究，「質測」相當於物之理的研究。〔註14〕這種說法，不禁令人想到由《大學》「格物致知」之說不同的解釋，所造成八百年來中國思想之發展。〔註15〕研究明清之際學風轉變的學者，大多以為明末清初儒者以朱子的「即物窮理」來反對陽明末學主張「良知現成」，甚至以此來接引西學，這種說法並非無稽。問題是朱子的「格物致知」是否只能理解為「即物窮理」？若是，則朱子則只有格物的工夫，沒有致知的工夫，這顯然與宋明儒學以尊德性為主的思想是不同的。若非，則朱子「格物」與「致知」如何正確的理解？而朱子與陽明之說是否對立？甚至朱子與陽明「格物致知」之說是否即合於《大學》之原意？而方氏「質測」與「通幾」的關係，是否即同於朱子「格物」與「致知」的關係？或另有新意？方以智晚年《語錄》中示子中履一段有云：

──────────

〔註12〕方以智《物理小識·自序》。
〔註13〕侯外廬主編《中國思想通史》第四卷下冊，頁1131。
〔註14〕張永堂《方以智》，頁78。
〔註15〕唐君毅《中國哲學原論──導論篇》，頁281。唐氏說：「綜上所言，是見八百年來中國之思想發展，實有如循大學八條目次序，由程朱以格物為始教，至陽明以致佑為宗，劉蕺山以誠意為宗，歷顧、黃、王、而由正心修身之內聖之學，以轉至重治國平天下之外王之學，既歷大學之八條目一周，乃再歸於清末以來，以格致之學之名，為引入西方科學之資。」

> 以通幾護質測之無窮，何所礙乎？⋯⋯此中秩序條理，本自現成，
> 特因幾務而顯年。格物之則即天之則，即心之則。豈患執有則膠，
> 執無則荒哉？若空窮其心，則倏忽如幻。〔註16〕

此段甚有深意，以智早年談「質測藏通幾」，晚年又談「以通幾護質測之無窮」，豈思想有變哉？其晚年又頗言一貫，抄本《一貫問答》曰：

> 其執格去物欲之說，未徹此耳。心一物也，天地一物也，天下國家
> 一物也，格物直統治、平、參、贊，而誦詩讀書，窮理博學，俱在
> 其中。今日格一物，明日格一物，以為入門，則膠柱矣！知即是行，
> 誠明合一，非窮理博物而一旦貫通之說，亦非自得本、莫愁末之說。
> 〔註17〕

這又以「格物」統一貫，非朱子窮理博物而一旦貫通之說，亦非陸、王自得本、莫愁末之說。顯然其對「格物」之說另有新解，不同於朱、陸，這與前賢說方以智的思想是「藏陸於朱」，恐更待深入研究之。此部分為方氏易學認識論中重要的觀念，又可藉此檢討中國學術思想史上一大公案，更能藉此探究以「格物」之說來接引西學的可行性及局限性。

　　4. 方氏易學中尚有許多值得深究的理論，如在《易象幾表》中的氣化思想，另有「藏先天於後天」，「藏無極於有極」，「即一是多」，「三教歸易」等，由這些觀念的探討，除了開拓易學的新領域外，更重要的是希望透過理論脈絡的串聯，能有助於明清之際的時代問題及學術風氣之轉變之研究，有一新的思考方向。

（二）補罅學術思想史上的研究空缺

　　有關明清之際的學風轉變，或明清之際的學者之研究，不可謂不多。甚至對方以智個人的研究，近來亦常可見，專著如：張永堂先生《方以智的生平與思想》(民國66年臺大歷史研究所博士論文)、《明末方氏學派研究初編》、李素娓先生《方以智藥地炮莊中儒道思想研究》（民國67年臺大中文研究所碩士論文)、余英時先生《方以智晚節考》、劉君燦先生《方以智》、大陸學者任道斌先生《方以智年譜》、蔣國保先生《方以智哲學思想的研究》。這當中多以討論方以智之生平，或他的著作《通雅》、《物理小識》、《東西均》、《藥地炮莊》等。只有張永堂先生《明末方氏學派研究初編》一書中收錄〈方孔炤

〔註16〕余英時《方以智晚節考》，頁92，余氏引密之晚年《語錄》。
〔註17〕侯外廬主編《中國思想通史》第四卷下冊，頁1183，侯氏引密之《一貫問答》。

《周易時論合編》一書的主要思想〉，及朱伯崑先生《易學哲學史》中有〈方以智與《周易時論合編》〉一章。換言之，關於研究《時論》的專著如今則尚闕如，對易學史而言故是一缺憾，及就研究方以智個人思想而言，方氏學宗於易，而無專書論其易學思想，無乃是一不足也。至若就明代中葉以後學風之轉變，大多注意到東林顧憲成、高攀龍，而未注意到可能為顧、高思想前導的方學漸及其子方大鎮的思想，恐亦是一缺瑕。故本研究希望透過對方氏易學思想的研究，能對此一時期思想史研究稍有補佚。

（三）探討儒學理論內部的轉化，以加強面對西方文化的應變能力的時代意義

關於明代歷史、學術、思想、文化等問題，深受學術界的各方重視，原因何在？黃仁宇先生的兩段話可以作最好的說明，他說：「要澈底瞭解現今的中國，最少也要把歷史的基點退後四百年。」因為「西歐的『現代化』，包括文藝復興，及所謂資本主義的形成，宗教改革和科學技術的展開時間上和明代近三百年的興亡吻合，這更給明代史一種特殊的意義。」〔註18〕這其中的問題便是「中國的現代化問題」。今天這是一個時代問題，倒回頭到明代來看則是一歷史問題。雖然我們可以說明代的人物可以不必為此問題負責，但我們是本著鑒往察來的態度來看，明代已有成為現代化國家的外緣，何以此時在中國無法出現現代化國家？甚至清代的外緣更加充分，但依然無法產生現代化國家的雛形？民國初年亦復如是，直至今日的臺灣才算步上現代化國家的路子，雖然其中仍存有不少問題。而這些問題，研究明代歷史大致可以提供一些癥結，關於此，如黃仁宇先生的幾本著作，《萬曆十五年》、《放寬歷史的視界》、《赫遜河畔談中國歷史》、《資本主義與二十一世紀》都提供了一些線索，如「高度的中央集權」、「官僚體制」、「洪武型的經濟形態」、「八股取士」，本計畫將先立於此大歷史（Macrohistory）〔註19〕宏觀的基礎之上，作微觀的驗證，以期先確立限制發展的客觀因素，再來看明代儒者或方氏祖孫在此大環境的限制下，如何去轉化儒學理論以突破困境，及其轉化之不足處，才不至於搔不到痛處或作過分的要求。

方學漸屬泰州王學，處於傳統儒學以尊德性為主的高峰，但隨即面臨了來自儒學內部不同聲音的挑戰，到了方孔炤、方以智時，更需面對日益惡化

〔註18〕黃仁宇《放寬歷史的視界》一書，頁189、73。
〔註19〕參考黃仁宇《放寬歷史的視界》，頁189。

的存亡問題，這時傳統儒學的局限性一一的顯現出來。此時在學術文化上，日益復興的釋道談虛說玄思想，影響了明末儒學空談心性之風；加上西方文化亦透過傳教士加速與中國文化產生交流，這更對儒學部分理論與價值觀造成強烈衝擊。方氏易學主張「崇實」學風來對治「談虛說玄」，以「格物致知」接引西學。其學能否轉化儒學，使能面對急迫性的政治問題，及在西方強勢文化的衝擊下，將如何加強應變能力。是關切儒學與中國現代化的關係時，所應具備的時代意義。

三、研究內容綱要初訂

第一篇　學原篇——方氏易學之承傳
　第一章　方氏易學形成的外因內緣
　　第一節　時代背景
　　第二節　明代理學的轉變
　第二章　方學漸
　　第一節　傳略
　　第二節　方學漸對宋明儒學的批評與主張
　第三章　方大鎮
　　第一節　傳略
　　第二節　方大鎮的思想取向
　第四章　方孔炤
　　第一節　傳略
　　第二節　方孔炤的經世思想
　第五章　方以智
　第六章　方氏後學
　第七章　方氏易學的佐輔
　　第一節　吳應賓
　　第二節　黃道周
　　第三節　王宣
　　第四節　白瑜
第二篇　學術篇——方氏學之象數圖書學
　第一章　方氏易象學

四、參考書目

（一）方氏祖孫所撰書目

1. 方學漸：《心學宗》，萬曆三十二年刊本，東京大學文學部漢籍中心藏。

2. 方學漸：《邇訓》，萬曆三十五年刊本。

3. 方學漸：《東遊記》，光緒十四年桐城方氏七代遺書本，日本東洋文庫藏。（以下簡稱《七代遺書本》）。

4. 方學漸：《性善繹》，七代遺書本。

5. 方學漸：《庸言》，七代遺書本。

6. 方大鎮：《寧澹語》，七代遺書本。

7. 方大鎮：《荷薪韻義》，七代遺書本。

8. 方大鎮：《寧澹居奏議》，七代遺書本。

9. 方孔炤：《周易時論合編》，順治十七年白華堂刊本，臺北文鏡出版社，民國 72 年。

10. 方孔炤：《蕘小言》，七代遺書本。

11. 方孔炤：《全邊略紀》，臺北廣文書局，民國 63 年 6 月。

12. 方以智：《物理小識》，臺灣商務國學基本叢書版，民國 57 年 9 月。

13. 方以智：《東西均》，上海中華書局李學勤校點本，附　象環寱記，1962 年。

14. 方以智：《通雅》，王雲五主編，四庫珍本第三集，臺灣商務印書館，民國 61 年。

15. 方以智：《浮山文集前編》，明末刊本，中央研究院傅斯年圖書館藏有民國 21 年曬藍本十卷一部。

16. 方以智：《浮山前集》（流離草），手抄本，臺灣大學故教授方豪珍藏。

17. 方以智：《浮山後集》（鳥道鳴，無生，借廬語） 手抄本，臺灣大學故教授方豪珍藏。

18. 方以智：《藥地炮莊》，康熙三年廬陵曾玉祥刊本，廣文書局影印，民國 64 年 4 月。又藝文印書館亦據民國 21 年成都美子林排印本影印，收於《無求備齋莊子集成》初編十七。

19. 方以智：《膝寓信筆》，七代遺書本。

20. 方以智：《青原愚者智禪師語錄》，臺北《中華大藏經》本，民國 57 年。

21. 方以智：《青原志略》，康熙八年刊本，日本內閣文庫藏。（與施閏章合編）

22. 方中通：《數度衍》，王雲五主編，四庫珍本第二集，臺灣商務印書館，民國 61 年。

23. 方中通：《陪集》，北京圖書館藏。

24. 方中德：《古事比》，臺北廣文書局，民國 58 年 9 月。

25. 方中履：《古今釋疑》，康熙二十一年桐城方氏汗青閣刊本，臺北學生書局影印，民國 60 年。

26. 方中履：《汗青閣文集》，七代遺書本。

（二）清代相關書目

1. 王夫之：《王船山詩文集》，臺北漢京文化公司，民國 73 年。

2. 王夫之：《南窗漫記》，船山遺書本，民國 22 年太平洋書店印行。

3. 王夫之：《永曆實錄》，船山遺書本，民國 22 年太平洋書店印行。

4. 王夫之：《搔首問》，廣文書局影印，民國 59 年。

5. 王士禛：《池北偶談》，漁洋三十六種，康熙刊本。

6. 王士禛：《香祖筆記》，1982 年上海古籍出版社。

7. 朱彝尊：《靜志居詩話》，上海文瑞樓本。

8. 朱彝尊：《經義考》，臺灣中華書局，民國 68 年。

9. 全祖望：《鮚埼亭記》，商務萬有文庫本。

10. 汪景祺:《讀書堂西征隨筆》,香港龍門書店影印本,1967 年。

11. 吳應箕等:《東林始末》,臺北廣文書局,民國 56 年 10 月。

12. 吳應箕:《樓山堂集》,貴池先哲遺書本。

13. 周亮工:《讀書錄》,海山仙館叢書本,臺北文史哲出版社畫史叢書,民國 63 年。

14. 計六奇:《明季北略》,臺灣商務人人文庫。

15. 姜紹書:《無聲書史》,述古叢鈔本,臺北文史哲出版社畫史叢書,民國 63 年。

16. 施閏章:《施愚山先生全集》,乾隆年間刊本。(附施會曾的〈愚山先生年譜〉)

17. 冒襄:《影梅庵憶語》,冒氏叢書本。

18. 冒襄:《水繪庵詩集》,冒氏叢書本。

19. 冒廣生:《冒巢民先生年譜》,冒氏叢書本。

20. 馬其昶:《桐城耆舊傳》,臺北廣文書局 民國 67 年 3 月。

21. 侯方域:《壯悔堂集》,四部備要本。有〈與楮木大師書〉與〈與方密之書〉。

22. 馮治堂:《國朝畫識》,臺慶二年錢大昕序本,臺北廣文書局,民國 67 年。

23. 陳子龍:《陳忠裕全集》,光緒年間刊本。

24. 陳貞慧:《陳定生先生遺著三種》,常州先哲遺書本。

25. 張廷玉:《明史》,洪氏出版社。

26. 張煌言:《張蒼水集》,1959 年中華書局。

27. 黃道周:《黃漳浦集》,道光年間刊本。

28. 黃宗羲:《黃梨洲文集》,中華書局,1959 年。

29. 黃宗羲:《明儒學案》,華世書局。

30. 黃宗羲:《日本乞師記》,梨洲遺書彙刊本。宣統二年上海中華書局印行,民國 58 年臺北永吉出版社,附《皇黃梨洲先生年譜》。

31. 黃宗羲:《思舊錄》,同上。

32. 游藝:《天經或問》,1730 年日本刻本。

33. 彭士望:《樹廬文鈔》。

34. 揭暄:《璇璣遺述》,刻鵠齋叢書本。

35. 趙士錦:《北歸記》,中華書局《晚明史料叢書》本,1959 年。

36. 錢秉鐙：《所知錄》，世界書局，民國 60 年。

37. 錢秉鐙：《田間文集》，同治二年皖桐斟雉堂刊。

38. 錢秉鐙：《藏山閣詩存》，光緒三十四年排印本。

39. 錢秉鐙：《藏山閣集選集》，臺灣文獻叢刊本（第 2225 種）

40. 錢謙益：《牧齋有學集》，四部叢刊初編縮本。

41. 錢肅閏：《南忠記》，中華書局「晚明史料叢書」本，1959 年。

42. 劉獻庭：《廣陽雜記》，1941 年長沙商務印書館排印本。

43. 劉城：《嶧峒文集》，貴池先哲遺書本。有〈方密之易義序〉（文卷三）與
    〈方密之九將題辭〉（文卷八）

44. 蕭士瑋：《春浮園文集》，春浮園集本。

45. 羅正均：《船山師友記》，明文書局「清代傳記叢刊」第二十八冊，民國
    74 年。

46. 瞿昌文：《粵行紀事》，知不足齋叢書本。

47. 瞿式耜：《瞿忠宣公集》，道光十五年刊本。

48. 魏禧：《魏叔子文集》，三魏全書本。

49. 魏禧：《魏叔子詩集》，康熙易堂原刻本。

50. 魏禮：《魏季子文集》，三魏全書本。

51. 覺浪道盛：《天界覺浪盛禪師全錄》，中華大藏經本。

52. 顧炎武：《顧亭林詩文集》，臺北漢京出版社，民國 73 年 3 月。

53. 《吉安府志》，光緒本。

54. 《建昌府志》，同治本。

55. 《安慶府志》，同治本。

56. 《寶慶府志》，光緒本。

57. 《萬安縣志》，光緒本。

58. 《桐城縣志》，康熙十二年本。

59. 《桐城續修縣志》，道光本。

60. 《景德傳燈錄》，四部叢刊三編。

（三）民國以後有關書目與論文

1. 方豪：《中西交通史》，文化大學新一版，民國 72 年。

2. 方豪:《方豪六十自定稿》,學生書局,民國 58 年。

3. 方豪:《中國天主教史人物傳》,香港公教真理會,1973 年。

4. 王煜:《明清思想家論集》,聯經出版社,民國 70 年。

5. 古清美:《顧涇陽、高景逸思想之比較研究》,臺大中文研究所博士論文,民國 68 年。

6. 田培棟等編:《明清人物論集》,成都,四川人民出版社,1983 年。

7. 朱伯崑:《易學哲學史》第一～四卷 藍燈文化事業股份有限公司,民國 80 年。

8. 朱希祖:《明季史料題跋》,臺北,大華印書館,民國 57 年。

9. 任道斌:《方以智年譜》,安徽教育出版社,1983 年。

10. 牟宗三:《從陸象山到劉蕺山》,學生書局,民國 73 年。

11. 辛冠潔、陳鼓應、葛榮晉主編:《明清實學思想史》,山東,齊魯出版社,1989 年。

12. 余英時:《歷史與思想》,聯經出版社,民國 65 年。

13. 余英時:《方以智晚節考》,牟晨出版社增訂擴大版,民國 75 年。

14. 李素娓:《方以智藥地炮莊儒道思想研究》,臺大中文研究所碩士論文,民國 67 年。

15. 李紀祥:《明末清初儒學之發展》,文津出版社,民國 81 年。

16. 李焯然:《明史散論》,允晨文化公司,民國 76 年。

17. 林慶彰:《明代考據學研究》,學生書局,民國 72 年。

18. 林聰舜:《明清之際儒家思想的變遷與發展》,學生書局,民國 79 年。

19. 林麗月:《明末東林運動新探》,臺灣師範大學歷史研究所博士論文,民國 73 年。

20. 周康燮主砭編:《中國近三百年學術思想論集二編》,崇文書店,1971 年。

21. 周文英:《中國邏輯思想史稿》,人民出版社,1979 年。

22. 孟森:《明清史講義》,臺北,里仁書局,民國 71 年。

23. 侯外廬主編:《中國思想通史》,北京,人民出版社,1953 年。

24. 侯外廬、邱漢生、張 之主編:《宋民理學史史》,北京,人民出版社,1984 年。

25. 紀國驊:《中國科技史話》,希氏出版社,民國 73 年。

26. 容肇祖：《明代思想史》，開明書局，民國 58 年。

27. 唐君毅：《中國哲學史原論——導論篇》，學生書局，民國 73 年。

28. 唐君毅：《中國哲學史原論——原道篇》，學生書局，民國 75 年。

29. 唐君毅：《中國哲學史原論——原教篇》，學生書局，民國 73 年。

30. 唐君毅：《中國哲學史原論——原性篇》，學生書局，民國 73 年。

31. 高陽：《明末四公子》，皇冠出版社，民國 73 年。

32. 韋政通：《中國思想史》，大林出版社，民國 69 年。

33. 韋政通：《儒家與現代中國》，東大圖書公司，民國 73 年。

34. 徐宗澤：《明清間耶穌會士譯著提要》，中華書局，民國 47 年。

35. 《清史稿》，洪氏出版社。

36. 《清史列傳》，中華書局，1928 年。

37. 《清代文字獄黨案》，1934 年。

38. 梁啟超：《中國近三百年學術史》，臺灣中華書局，民國 58 年。

39. 梁啟超：《近代學風之地理的分布》，臺北中華書局，民國 60 年。

40. 梁啟超：《清代學術概論》，臺北，商務印書館，民國 57 年。

41. 淡江大學中文系主編：《晚明思潮與社會運動》，臺北弘化文化事業公司，民國 76 年。

42. 馮友蘭：《中國哲學史》附補編。

43. 馮友蘭：《中國哲學史新編》，藍燈文化事業股份有限公司，民國 80 年。

44. 馮耀明：《中國哲學的方法論研究》，允晨文化實業股份有限公司，民國 78 年。

45. 許冠三：《王船山致知論》，香港中文大學，1981 年。

46. 許淑玲：《幾社及其經世思想》，臺灣師範大學歷史研究所碩士論文，民國 75 年。

47. 張其昀：《清史·遺逸傳》，民國 49 年。

48. 張永堂：《方以智的生平與思想》，臺大歷史研究所博士論文，民國 66 年。

49. 張永堂：《方以智》，臺灣商務印書館「中國歷代思想家」第三十七冊，民國 67 年。

50. 張永堂：《明末方氏學派研究》，文鏡出版社，民國 76 年。

51. 張友繩：《歷代科技人物傳》，世界文物供應社，民國 76 年。

52. 陳垣：《釋氏疑年錄》，中華書局，1962 年。

53. 陳垣：《清初僧諍記》，中華書局，1962 年。

54. 陳垣：《明季滇黔佛教考》，彙文堂出版社，民國 76 年。

55. 陳寅恪：《柳如是別傳》，上海古籍出版社，1980 年。

56. 麥仲貴：《王門諸子致知學之發展》，香港中文大學，1973 年。

57. 麥仲貴：《明清儒學著述生卒年表》，學生書局，民國 66 年。

58. 黃仁宇：《萬曆十五年》，食貨出版社，民國 74 年。

59. 黃仁宇：《放寬歷史的視界》，允晨出版社，民國 77 年。

60. 黃仁宇：《赫遜河畔談中國歷史》，時報文化出版企業有限公司，民國 78
    年。

61. 黃仁宇：《資本主義與二十一世紀》，聯經出版社，民國 80 年。

62. 溫功義：《明末三岸》，谷風出版社，1986 年。

63. 勞思光：《中國哲學史》，三民書局，民國 70 年。

64. 勞思光：《中國文化路向問題的新檢討》，東大圖書公司，民國 82 年。

65. 嵇文甫：《王學左派》，開明書局，民國 23 年。

66. 嵇文甫：《晚明思想史論》，商務印書館，民國 33 年。

67. 楊儒賓主編：《中國古代思想中的氣論及身體觀》，巨流圖書公司，民國
    82 年。

68. 鄧文誠：《清詩紀事初編》，臺灣中華書局，民國 60 年。

69. 鄧嗣禹：《中國考試制度史》，臺北學生書局，民國 56 年。

70. 蔣國保：《方以智年譜》，安徽人民出版社。

71. 劉君燦：《方以智》，東大圖書公司，民國 78 年。

72. 劉君燦：《談科技思想史》，明文書局，民國 75 年。

73. 劉君燦：《不以規矩不能成方圓》，東大圖書公司，民國 75 年。

74. 劉莞莞：《復社與晚明學風》，政治大學中文研究所碩士論文，民國 74 年。

75. 錢穆：《中國近三百年學術史》，中華書局，1986 年。

76. 謝國楨：《晚明史籍考》，藝文印書館，民國 58 年。

77. 謝國楨：《明清之際黨社運動考》，商務印書館人人文庫，民國 67 年。

78. 謝國楨：《明末清初的學風》，仲信出版社。

79. 羅炳綿：《清代學術論文集》，食貨出版社，民國 76 年 4 月。

80. 力濤：〈論明清哲學的基本特徵〉，船山學報總七期，1978 年 5 月。

81. 方豪：〈方以智和陶詩手卷及全文〉，東方雜誌復刊七卷七期，民國 61 年 1 月。

82. 方竑：〈方以智的科學精神與物理小識〉，中央大學文藝叢刊，民國 23 年 10 月。

83. 王煜：〈方以智倡三教歸易論〉，中國文化月刊五十六期，民國 73 年 6 月。

84. 王成勉：〈明末士人之抉擇〉，食貨復刊十五卷九期，民國 75 年 4 月。

85. 王家檢：〈晚明的實學思想〉，國科會補助研究著作，民國 75 年。

86. 古清美：〈清初經世之學與東林學派之關係〉，孔孟月刊二十四卷三期，民國 74 年 11 月。

87. 石錦：〈略論明代中晚期思想的特質〉，中國歷史學會史學集刊第四期，民國 61 年 5 月。

88. 朱倓：〈明季杭州讀書社考〉，北大國學季刊第二卷第二期，民國 18 年 12 月。

89. 朱倓：〈明季南應社考〉，北大國學季刊第二卷第三期，民國 19 年 9 月。

90. 朱倓：〈明季桐城中江社考〉，中央研究院史語所集刊第一本第二分，民國 19 年 6 月。

91. 任道斌：〈關於方以智的晚年活動〉，清史論叢第三輯，1982 年。

92. 任道斌：〈以智簡論〉，清史論叢第四輯，1982 年。

93. 任道斌：〈方以智、茅元儀著術知見錄〉，書目文獻出版社，1985 年 4 月。

94. 李慎儀：〈東西均中合二為一的原意與實質〉，哲學研究，1965 年 3 月。

95. 何齡修、張捷夫：《清代人物傳稿》上編第二卷　中華書局清史編委會，1986 年 2 月。

96. 何佑森：〈顧炎武的經學〉，臺灣大學文史哲學報第 16 期，民國 56 年。

97. 何佑森：〈清代漢宋之爭平議〉，臺灣大學文史哲學報第 18 期，民國 58 年 5 月。

98. 何佑森：〈明清之際學術風氣的轉變及其發展〉，國科會補助研究著作，民國 62 年。

99. 何佑森：〈黃宗羲晚年思想之轉變〉，故宮文獻第三卷一期，民國 60 年 12 月。

100. 何佑森：〈清初三大儒的思想〉，故宮文獻第四卷三期，民國 62 年 6 月。

101. 何佑森：〈清初的學風〉，中國史新論，民國 74 年 8 月。

102. 李洵：〈論顧炎武〈郡縣〉等七篇論文中所提出的社會問題〉，史學集刊總一〇七期，1983 年 2 月。

103. 步近智：〈晚明時期儒學的變遷與影響〉，中國史研究，1989 年一期。

104. 林景淵：〈好書不會寂寞〉，新書月刊二十四期，民國 74 年 9 月。

105. 林慶彰：〈晚明經學的復興運動〉，書目季刊十八卷三期，民國 73 年 12 月。

106. 林慶彰：〈明末清初經學研究的回歸原點運動〉，國際孔學會議論文集，民國 77 年 6 月。

107. 林麗月：〈李三才與東林黨〉，師範大學歷史學報第九期，民國 75 年 5 月。

108. 林麗月：〈明末東林黨的幾個政治問題〉，師範大學歷史學報第十一期，民國 72 年 6 月。

109. 邱榮裕：〈明末復社發布〈留都防亂公揭〉始末及其影響〉，師範大學歷史學報第十五期，民國 76 年 6 月。

110. 岡田武彥、張桐生譯：〈宋明實學的源流〉，唐君毅先生紀念論文集　學生書局，民國 72 年 7 月。

111. 洪煥椿：〈東林學派與江南經濟〉（上）（下），九州學刊第一卷三、四期，1987 年春、夏季。

112. 姜廣輝：〈試論理學與反理學的界限〉，哲學研究十一期，1982 年。

113. 胡秋原：〈復社及其人物〉（一）（二），中華雜誌第五卷八、九期，民國 56 年 8、9 月。

114. 胡劍書：〈王夫之組織匡社究竟是什麼性質〉，船山學報總六期，1986 年 10 月。

115. 冒懷章：〈方以智恐難事跡續考〉，稿本。

116. 馬其昶：〈方密之先生傳〉，民彝月刊一期，民國 16 年。

117. 馬楚堅：〈明政由治入亂之關鍵〉，明史研究專刊第五期，民國 71 年 12 月。

118. 侯外廬：〈方以智──中國百科全書派大哲學家〉（一）（二）歷史研究，1957 年 6、7 月。

119. 容肇祖：〈方以智和他的思想〉，嶺南學報九卷一期，民國 37 年 12 月。

120. 張蔭麟：〈明清之際西學輸入中國考略〉，清華學報一卷一期。

121. 張德均：〈方以智物理小識的哲學思想〉，哲學研究第三期，1962 年 3 月。

122. 張顯清：〈晚明心學的衰落與實學思潮的興起〉，明史研究論叢第一輯，江蘇人民出版社，1982 年。

123. 喆勇：〈談方以智粵難〉，明報月刊九十一期，1973 年。

124. 勞思光：〈方以智晚節考及補證讀後感〉，新亞學術集刊第二期，1979 年。

125. 溝口雄三：〈論明末清初時期在思想史上的歷史意義〉，史學評論第十二期，民國 75 年 9 月。

126. 儀真、冒懷章：〈方以智恐難事跡考〉，江淮學刊第二號，1962 年。新亞學術集刊第二期轉載，1979 年。

127. 葛兆光：〈明代中後期的三股史學思潮〉，史學史研究四期，1984 年。

128. 葛榮晉：〈東林學派與晚明朱學的復興〉，書目季刊第二二卷四期，民國 78 年 3 月。

129. 趙承中：〈東林書院雜考〉，中華文史論叢第二輯，1986 年。

130. 劉君燦：〈制器尚象闡微〉，哲學與文化十二卷九、十期，民國 74 年 9、10 月。

131. 劉君燦：〈方圓與自然、人文思想〉，中華文化復興月刊十九卷十一期，民國 75 年 11 月。

132. 饒宗頤：〈方以智與陳子升〉，清華學報十卷二期，民國 63 年。

133. 饒宗頤：〈方以智畫論〉，香港中文大學中國文化研究所學報七卷一期。

134. 龔鵬程：〈詩史觀念的發展〉，古典文學第七集，民國 74 年 6 月。

（四）外文書目及論文專書

專書

1. 山井涌：《明清思想史の研究》，東京，東京大學出版會，1980 年 12 月。

2. 三浦晉：《贅語》，梅園全書本，1912 年。

3. 大濱浩：《中國的思維の傳統》，勁草書房，1969 年。

4. 石原道作：《明末清初日本乞師の研究》，東京，1945 年。

5. 酒井忠夫：《中國善書之研究》，國書刊行會，1972 年。

6. 島田虔次：《中國れおる近代思維的挫折》，筑摩書房，1949 年。

7. 島田虔次：《朱子學と陽明學》，筑摩書房，1949 年。

8. 新井白石：《東雅》，新井白石全集本。

9. 間野潛龍:《明代文化史研究》,京都,同朋舍,1987 年 2 月。

10. Awell, Willian S., Ch'en Tzu-Lung: A Scholar Official of The Late Ming Dynast. Princeton Univ., Ph. D., 1975, Xerox Microfilms.

11. Ch'ien, Edward T., Chiao Hung and the Restructuring of Neo-Confucianism in the Late Ming. New York: Columbia univ. Press, 1986. 367P.(臺北,唐山出版社翻印)Goodrich L. Carrington, editor, Dictionary of Ning Biongraphy (1368-1644). New York and London, Columbia Univ. Press, 1976.(台北,南天書局,民國 67 年 6 月台一版,二冊)

12. Nivison, David S., The Life and Thought of Chang Hsueh-Ch'eng(1738-1801). Stanford, Stanford Univ. Press, 1966.322P.(台北,虹橋書局翻印)

13. Tillman, Hoyt Cleveland, Uniliarian Confucianism: Ch'en Liang's Challenge to Chu His. Cambrig (Massachusetts) and London, Press, 1982, 304P.

論文

1. 小川晴久:〈方以智の自然哲學とらの構造——三浦梅園の條理との關連で——〉,學習院高等科研究紀要(四),1969 年。

2. 小野和子 〈清初の思想統制 めぐつて〉 東洋史研究第十八卷第三號,1959 年 12 月。

3. 小野合子:〈明末の結社に關する一考察〉(上)(下) 史林第四五卷二、三期,1962 年 2 月。

4. 三田村泰助:〈章學誠の「史學」の立場〉,東洋史研究第十二卷第一號,1952 年 9 月。

5. 井上進:〈復社の學〉,東洋史研究第四十四卷第二號,1985 年 9 月。

6. 岡田武彥:〈東林學の精神〉,東方學第六輯,1953 年 6 月。

7. 坂出祥伸:〈方以智の思想〉,見藪內清、吉田光邦合編《明清時代の科學技術史》,京都人文科學研究所,1970 年。

8. 重澤俊郎:〈方以智哲學試論〉,中國の文化と社會,1986 年。

9. 溝口雄三:〈いわゆる東林派人士の思想〉,東洋文化研究所紀要第七十五冊,1976 年 3 月。

10. 濱口富士雄:〈清學成立の背景について〉,東方學報第五八輯,1979 年 7 月。

11. Arthur W. Hummel, ed. : Eminent Chinese of The Ching Period (1644-1912)，台北成文出版社翻印，1967 年。

12. Ch'ien Edward T., "Chiao Hung and the Revolt Against Ch'eng-Chu Orthodoxy", in Wm. Theodre De Bary editor, The Unfolding of Neo-Confucianism (New York, Columbia Univ. Press, 1975)（台北，虹橋書局翻印，民國 76 年 7 月）

13. De Bary, Wm. Theodre, "Getting it Oneself" or "Finding the Way in Oneself" (tzu-te) as a Concept of Self-Realization in Neo-Confucian Thought."清華學報第十七卷一、二期合刊，民國 74 年 12 月。

14. Elman, Benjamin A., "The Unravelling of Neo-Confucianism: Form Philosophy to Philogy in Late Imperial China." 清華學報第十五卷一、二期合刊，民國 72 年 12 月。

15. Yu Ying Shih., "Some Preliminary Observations on the Rise of Ching Confucian Intellectualism." 清華學報第十一卷一、二期合刊，民國 64 年 12 月。

後　記

　　夫子假我五十以學易，今年過五十有五重新校對舊作——《朱震漢上易傳研究》，其有天啟乎？昔愚無王輔嗣注易之才，強解《易傳》，實有不畏天命之妄。今年逾知命，重新學易，稍解命限矣。宋朱子發粹然真儒也，盡其才位之職，然不得時，遺憾而終，此其命也。惟其盡心盡性以知天，盡己盡忠以輔君，是知易知命者也。有宋一朝，君子小人意氣之爭，釀成新舊黨爭，大才如蘇東坡尚且九死一生，朱子發何能倖免？宋朝以此虛耗國力，學易者鑑古推今，能不知變乎？然有命焉。

　　朱震《漢上易傳》為一時鉅著，承北宋理學易學之後，融合各家，啟南宋理學易學之後，當為易學界所重，可惜學界讚朱熹而抑朱震，殊不知朱熹易圖實因襲朱震易圖而作，起步有因人興廢其言之嫌。愚智不能彰顯朱震《易傳》，是愚之力不逮也，祈方家不吝斧正，學易者繼而發揚之。

　　三十年前的碩士論文，在已過知命之年時付梓，實感慚愧。慚愧於當年陳師郁夫教授、黃師慶萱教授的悉心指導與殷切期盼，更慚愧於自己對學術研究的懈怠。若非泰山大人周聰俊教授的鼓勵，恐無再面對舊論的勇氣，助瀾之力，甚為感恩。當然最感謝花木蘭文化事業有限公司願意出版拙作，深表感激。

陳志淵於桃園龍潭

2022 年 9 月